生命合伙人 III

AI 时代艺术思维引爆创造力

戴亚楠—— 著

中国青年出版社

目录 ☼ Contents

⋯⋯ 思维能力一 · 观察与描述
Observing & Describing

⋯⋯ 思维能力二 · 推理与论证
Reasoning

思维能力三 · **探索观点**
Exploring Viewpoints

思维能力四 · **比较与联系**
Comparing & Connecting

思维能力五 · 质疑与调查
Questioning & Investigating

思维能力六 · 发现复杂性
Finding Complexity

序一

AI 时代，这是你最好的决定

给父母

亲爱的家长们，你们好！我是戴亚楠，欢迎你们翻开这本书，开启艺术思维的探索。

先介绍一下我自己，我也是一个妈妈。我的两个儿子，一个 17 岁，一个 13 岁。和很多父母一样，十几年来我一直在各种尝试、努力和不完美中做家长。

我是很多年的艺术爱好者，身边一直有很多艺术家朋友，直到我自己也放下一切学习水墨，贴上一个艺术家的标签。从十几年前带自己的孩子创作和看展开始，有越来越多的朋友加入了我的"家庭美育试验"。

再后来，为了把不一样的艺术体验和美的探寻带进更多中国家庭，我把这个个人兴趣做了更深入的拓展，拿出做咨询项目的劲头，研究了大量国内外艺术教育的理论、行业标准和课程。我也去参加了很多行业顶尖美术馆组织的教育工作坊，陆续在中国和美国的创新学校里都做过驻校艺术家，设计美育和艺术课程。

基于这些实践和研究，我出版了3本书，分别是2017年出版的《生命合伙人：美育从妈妈开始》、2019年出版的《生命合伙人Ⅱ：家庭美育必修课》和2022年出版的《妈妈都是艺术家》。

最近几年，我发现大家理念上有了很多变化，从父母们问我"家庭美育是什么"到"我们应该怎样做"。也有艺术教育的同行，从劝我"别做家庭美育了，还是开个美术班容易"到跑过来很确定地告诉我"家庭美育才是未来"。甚至有人说家庭美育已经成了一个行业，需要制定国家标准。

无论如何，大家的理念有了很大的变化，意识到家庭是推动美育的主战场。

这些变化让人欣喜，这些年我一直通过讲座、课程去支持父母了解美育和艺术教育的理念和路径，这些努力没有白白付出。因为只有父母的视野和理念更新了，当一个好的艺术教育呈现在大家面前的时候，我们才能够识别和理解它。我们的孩子才有机会去接触符合发展规律的、面向未来的、能够支持他成长的真正的艺术教育。

但遗憾的是，由于填鸭式教育影响了几代人，我看到的大多数美育和艺术教育的项目还局限在形式美不美、技巧怎么学、要不要考级等。我很心痛地看到，这些其实离真正的艺术很远很远，虽然自称为教育，但其实对孩子们的益处极其有限。

ChatGPT火爆全球，尤其在教育圈炸开了锅，当这本书的书稿完成的时候ChatGPT4.0横空出世，科幻电影已成为现实。当传统课堂里教授的内容已经眼见着过了时，AI带来的改变比蒸汽机和计算机带来的改变更加翻天覆地。可以预见的变化就是，社会分工将会再次进行大调整，迭代的速度也会越来越快。

如果你还在构想孩子通过读某个中学、某个大学或者某个专业，就一定能够在未来获得成功和幸福，那么很遗憾，旧的模式和路径已经不复存在。现在热门的，就是明天淘汰的，没有一个父母可以给孩子设计一条完美的、一劳永逸的幸福路径。

基本上所有的教育者都知道，学校里正在学的很多内容可能早已经失去了价值和意义。仅仅寄希望于庞大的教育体系，可以一下子对新的挑战做出调整和应对？我想大家都不会那么天真。

所以，在这样的情况之下，父母给孩子什么选择就十分重要。

读到这里，你也许会问，这些与艺术教育有什么关系呢？

我们先来梳理一下，在 AI 时代，咱们作为人类更有价值的能力是什么？

答案是，那些 AI 还不具备或不完善的人的软性能力，比如思维能力、审美能力、创新能力等。这些恰恰是艺术可以带给人的综合能力。艺术不是所谓有绘画特长的孩子才能参加的事情，而是所有孩子甚至所有人的权利，我们过往对它的理解过于狭隘了。

我在前面的几本书里给大家介绍过很多艺术教育的理论，你会发现，国际艺术教育行业比较公认的、完整的艺术教育大概分为四个维度：审美、艺术史、艺术批评和艺术创作。我们的艺术教育，却大多集中在画一幅画，或是做一个作品，而基本忽略了其他。

这本书就是希望通过一系列的策略和方法，帮助孩子们通过学习艺术来提升思维能力。这是我在过去 5 年和上百个中国家庭一起实验验证过的事实，也是这些年里积累的数百个课程的精华提炼。

欢迎开启"艺术思维"。

了解"艺术思维"，首先必须搞清楚：

艺术思维是什么？

艺术思维英文是 Artful Thinking，这是哈佛大学教育学院的零点项目开发的一套思维学习策略。这个零点项目已经进行了 50 多年，大家熟悉的多元智能等许多教育研究成果都和这个项目有关。而艺术思维是教育研究的学者们和许多一线教育者共同研发的提升儿童思维能力的策略和一系列方法。从2006 年发布终期报告以来，有越来越多的教育者在实践中使用艺术思维。我也连续参加美国国家艺廊教育者项目，和来自世界各地不同背景的教育者们一起分享艺术思维在教学中的应用心得。

在哈佛大学多年来关于思维学习的研究里有一个发现，很多学生其实是有基本的思维技巧的，或者学习过，但为什么我们又偏偏感觉好像很多人缺失了思维的深度，无法进行延伸性的思考呢？

结论是：根本原因不在于不会，而在于没有使用它的习惯。

这些基本的思维技能就好像放在货架上，遇到比如考试的时候，就把它拿下来用一用，然后再放回去。而面对网络上的假信息，我们却并不能好好运用批判性思维去做出判断。

所以如何提升思维能力，其实不仅是教授思维的技巧，而是通过不断有意识、有框架地练习去形成一种思维倾向。什么是思维倾向？思维倾向的意思是，我们已经把独立思考内化成我们自然而然的方式。注意，这里不是说把某种价值观灌输给你，而是说批判性思维、独立思考的能力已经成为一个类似操作系统一样的存在。

艺术思维的研究通过一个叫作"思维调色板"的框架，来展示 6 个和思维相关的能力组合，或者说 6 个思维倾向，它们分别是：**观察与描述，推理与论证，探索观点，比较与联系，质疑与调查，发现复杂性。**

这么多和思维相关的能力又该如何培养呢？具体的策略大致是，每一个思维倾向都有相应的思维练习工具，比如为了形成"观察与描述"这个思维倾向，就可以用到"STW"的思维练习，对应的单词分别是 See（观察）、Think（思考）、Wonder（疑问），就是把自己的所见、所想、所有的疑问记录下来。能够把你观察到的事实与你想到的观点区别开来，是深度思维的第一步。

再举个例子，比如在"质疑与调查"这个思维倾向里，最基本的思维练习就是学会一个关键提问："是什么原因让你这样说？"我们常年实践艺术思维的老师们说，这已经成了他们全家的口头禅。就是这样，任何的观点都应该有证据的支撑。

当然在实际的教学中，艺术思维又是一个非常开放的形态，鼓励每位实践的老师根据具体情况来进行调整。我们可以结合对话、游戏、互动去引导孩子开展思维的训练，这些灵活有效的练习不仅适用于艺术，更可以和许多学科联结起来。

而通过这些思维方式的锻炼，就能逐步培养出有深度、批判性与创造性思考的习惯。

听上去很厉害吧，那么如何通过学习艺术来实现呢？

真的需要好好诠释一下，因为我们近年来看到的思维教育项目大多是和数学、科学的学习结合在一起的，艺术被认为是天马行空的想象就好了，和思维好像没关系。

但我要说，艺术是学习批判性思维最好的途径。艺术思维的策略和方法能够让我们不仅看得见精微的细节，也能看清更大的图景，更能够建立联结。

为什么这么说呢？

首先，艺术是非常多元的。而批判性思维的根本是必须有能力从多个角度去看待事物，这样才不会故步自封，局限在一个固定的观点里。

其次，艺术是极其丰富的。任何学科，历史的、文学的、科学的，或是你有的任何兴趣，几乎都可以在不同的艺术作品中找到相关的内容，这是巨大的学习资源库，却被狭隘化了。

最后，艺术没有唯一标准答案。同一个作品，不同的观者可以有自己不同的解读，每个解读者又进一步丰富了作品的含义。而批判性思维就在于不仅仅获得一个答案。如果想跳脱填鸭式教育寻求标准答案的学习，艺术是最有力的途径，可以帮助我们的孩子培养批判性思维。

如果读到这里你基本认同，通过学艺术可以提升批判性思维，那就可以继续来了解我构思这本书的大致思路。

艺术思维，其实不夸张地说，是一个人值得终其一生练习的能力，而对于初步接触的家庭来说，需要花一点时间来适应。我希望通过这本书能够带着大家从头到尾来比较全面地了解和体验艺术思维到底是什么。正是基于这个思考，本书的框架就按照艺术思维划分出的 6 个思维倾向来分为 6 个单元，共 20 个章节。

单元一　观察与描述

在这个单元里，我们重点练习如何通过慢看的策略，来获取一手的观察信息，并描述你的观察。区分什么是事实，什么是观点。

单元二　推理与论证

这个单元的重点在于练习如何使用证据来支持你的想法，这也是孩子们务必掌握的学术和工作的能力。

单元三　探索观点

这个单元练习的重点是尝试通过不同的角度来观察事物，通过角色代入等不同的方式来尽可能丰富地探索多元观点。

单元四　比较与联系

这一部分着重通过练习和工具支持课程参与者建立有见地的联系，同时反思自己的想法从何而来，怎样变化。

单元五　质疑与调查

这个单元重点在于提问，提出好问题、激发好奇心、不断探究。我发现这部分是填鸭式学习环境中长大的学生特别需要调整的。

单元六　发现复杂性

这里的思维练习集中在如何把一个事物或观点分层，比如把握整体和局部的关系等等，属于比较高阶的思维能力。

这一系列六大思维倾向通过6个单元梳理下来，我们就会有个大致的印象：艺术思维这个强大的体系，如何帮我们的孩子，来厘清思路，真正学会思考。

每个单元包括3到4个章节。每一章，我们会集中于一位艺术家的作品，通过艺术思维的框架练习和发展思维能力。

作品的选择上，都是我在过去五年中和我的实验课家庭们尝试验证过的作品，以当代艺术为主，形式包括绘画、雕塑、装置、行为艺术，甚至还有AI绘画。

每一小节我都会把相应艺术作品的图片、局部图片放在插图里。

所以，这本书同时也是一个艺术思维学习的组合包，不建议你仅仅是随便读读，而是需要你安静下来思考，有条件的话完成书里建议的练习。

组合包里还有个重头就是，每小节我们也会有和艺术相关的创作，这个部分我邀请我的小儿子悠然和我一起完成，你也可以在家里和孩子一起玩，创作活动都是脑洞大开，特别有趣。

这里，我还想给大家提个醒，创作的目的是深化思维活动，而不是为了完成一个看上去很好的作品，所以过程比结果更重要，也欢迎你和孩子用自己的方式来创作。

在过去的5年中，我看到在艺术思维课里长大的孩子们有个明显的特点，那就是特别自信，而且对艺术特别有自己的见解，分享和表达有理有据，有意思。很多时候父母觉得很难，看不懂的当代艺术，孩子们却非常笃定地告诉大人：我能看懂！

我想这就是跳出了标准答案之后，有独立思考能力的孩子呈现的状态，面对艺术，面对世界，有态度、有看法、有对话。

在AI时代，这样的状态就是他们未来获得行走世界的能量所在。

序二

给孩子
不听话才是学艺术的秘诀

开始之前，两个注意事项：

1.识字的小朋友可以自己读这篇序，还不识字的小朋友可以请家人帮忙声情并茂地读一下。

2.其实这篇序也同样适合大人偷偷读一读。

小朋友，你好啊！

还是介绍一下我自己，我叫戴亚楠，是一个妈妈，有两个男孩，一个17岁，一个13岁。慢着，我知道你心里想什么，我已经有一个妈妈每天告诉我学这个做那个，比如让我来学这个什么"艺术思维"。

那我要是再跟你说，还有人叫我"亚楠老师"，你是不是就要把我拉黑了，我已经听到了你心里的呐喊："我在学校已经有很多老师啦！不要再多一个啦！"

先别慌，我跟你说个秘密，我和你见过的老师们可能还是不太一样的。

比如，我不需要你背诵标准答案，我的艺术教学也不教画画，当然最不一样的是：你可以不听话，或者你必须不听话！我评价学生的标准就是，是不是学会了不听话！

你是不是会很好奇，为什么？为什么还有一个老师跟我说想要一个不听话的孩子？我告诉你，因为学艺术如果你只是好好听话，按照老师的规则，大人的规定，让你怎样就怎样，那百分之百是不可能学好的。

我们知道的那些历史上很伟大的艺术家，可能你的艺术老师已经告诉你：凡·高好伟大，马蒂斯好伟大，毕加索好伟大，某某大师好伟大……可是有没有人告诉你，这些伟大的艺术家虽然作品风格各不相同，但是他们共同的特点就是"不听话"！

所谓的"听话"意味着完全按照别人的要求去做一件事。可是艺术家如果只知道按照要求去做事，那就成了一个工匠，只是按照订单制作一个东西，和艺术就没有什么关系了。比如说在广东有个叫大芬村的地方，那里的许多人一辈子画了好几千幅凡·高的画，可是他们就像人肉复印机一样，做的不是艺术作品，而是旅游纪念品。

关于学艺术真的不能太听话，还有一个原因，就是关于艺术，每个人都有不同的看法。而越是特别流行的看法，往往越不是正确的，或者说是大大地曲解了艺术。

我给你举个例子，关于艺术的标准，很多人说画得像就是好的。无论是什么作品，他们只知道追问一个问题，画的什么啊？然后评价："真像，画得真好。"或者很鄙夷，说："你这怎么一点都不像啊？"

如果我们把人类作为一个整体来看，会发现在几万年前，原始人在岩洞壁画里画的野牛就已经很像真实的了；希腊的雕塑已经把人体的美探索到极致；再到文艺复兴，西方大艺术家们把绘画从科学的角度深入发展，通过解剖学精准掌握人体结构；一千年前的花鸟画也是造型精准、惟妙惟肖。所以"像不像"的问题早就被人类解决掉了。

再后来出现了照相术，关于"像不像"已经不再是艺术要追求的事情，艺术有了更新、更重要的任务。

艺术家如何看待世界，如何观察、如何比照相术更深入地反映艺术家的态度，这才是画画的追求，艺术的追求。

如果你有点听晕了，那我再给你举个例子，你就明白了。

比如说，很多低龄的小朋友画画，人体比例好像和现实中的是不一样的，他们会把朋友的一只脚画得特别大。不懂的人就会点评说："不对呀，两只脚的大小不是应该一样的吗？"为什么小朋友会把朋友的一只脚画得特别大呢？其实那是因为他下意识地把这个踢足球的男孩的脚，作为身体里最重要的器官，所以他画的大脚人是一个对他来说非常合理的比例。

所以，这时候你要是很听话，有人说两只脚一定一般大，你就修改了。那改完之后恐怕就只能从艺术品变成一个平庸的习作了。

再比如，我的大儿子小时候曾经画了一幅画，全家人里，他是最大的人，我是第二大，其他人都是小小的。为什么会这样？因为，每个人从小开始慢慢地了解世界，是以自己为圆心一点点向外探索的，所以在这个不断长大的圆圈里，自己就是最重要的那个人，自然个头也是最大的。而妈妈作为照顾他的人，他最爱的人，我就有幸排在了第二位。

而如果这个时候有人跟你说："这样不对，要改成按照身高比例。"……对不起，没有人能强迫你必须改变，除非是你自己想调整。

不认同你的人，你不用听他的话，因为你知道在中国古代，我们的古人是先画人物画的，在人物画里我们一眼就能看出来谁是主角，谁是配角。因为最重要的人一定是画得大大的，几乎和树和山一样高。这些作品价值连城，难道也都是错的吗？

瞧，稍微多学一点艺术，再有人对你的作品指手画脚，你心里就会知道：唉，原谅他吧，这个人真的不太懂哦。

关于艺术的误解还有很多，比如我们都觉得一个人如果对一个作品滔滔不绝地掉书袋，知道很多知识，应该就是很了解艺术吧？其实还真不一定。

因为我发现，很多小朋友对艺术的直觉和理解可比那些专家要厉害得多了，尤其是在当代艺术里。

什么叫当代艺术呢？就是"很多人看了一眼就跑开，然后皱眉说，看不懂"的那种艺术。在我们一般的艺术课堂里就更少讲到当代艺术，因为大部分的老师也不知道怎么讲，或者说家长看到了会问老师："你这讲的都是啥呀？"

当代艺术最大的特点是，外在的形式并不重要，想法和观念很重要。

很多当代艺术家的最大贡献不是动手做，而是他独一无二的想法。也就是说，一个艺术家最有价值的是有想法。我们要学的不仅是他们的艺术技巧，更是艺术家的思维和工作方式。

举个例子，当代艺术，大家公认是从一个叫杜尚的艺术家开始的。他开始也是好好画画的艺术家，后来他看明白了，原来这些号称创新的艺术家又陷入了太多的规矩和标准中，这不是说一套做一套吗？于是，他再也不画以前那种画了。他做了一件事儿，买了一个小便池，在上面签了个假名字，起了个叫作《泉》的题目，然后送去参加一个展览。结果这个号称创新"人人都可以参加"的展览把他的《泉》扔了出去。杜尚就用这个作品开启了当代艺术。

那么问题来了，这样的胡闹，而且是购买的一个现成物品，怎么就成了艺术了呢？也正是从这个时候开始，艺术的定义改变了，艺术不再仅仅是指由艺术家创造的作品，也可以是经由艺术家指认的作品。就是说不仅是从画材店买材料、美术学院毕业才能画画，人人都是艺术家，任何材料、生活里的物品都可以用来创作艺术。

而这些恰恰是在东方的禅宗的精神引导之下才完成的蜕变。禅宗的精神就是平常心，学会放下一切权威，比如说艺术这个权威。因为只有当你放下权威，怎么做都可以了。

瞧，如果了解了这些，就知道这些看似胡闹的很多当代艺术后面，是有东方智慧在里面的。

今天，人工智能已经能够按照要求又快又好地画出各种作品，所以，我们学习艺术，更多应该去学习思维方式和工作方式。

读到这里你肯定想说，讲了半天不听话怎么又说学习啦？一定是大人的圈套！

别急，听我细细讲来，我说的这个学习和你天天听到的学习可是太不一样了。

第一，我问你答，没有标准答案

在这本书里我会用一套叫作"艺术思维"的策略方法。艺术思维最大的特点是在这个过程里，不是我来讲，你来记，而是我们一起学会提问！

我们提出的关于艺术作品的问题，可能每个人的答案都不一样，因为每个人看同一个作品会看出不一样的内容来，这正是艺术最有趣的地方！

你不要担心艺术家不开心，艺术家创造出一个作品以后，这个作品其实已经拥有了自己的生命，所以你有新的看法，艺术家会感激你丰富了他的作品。

第二，给自己组个学习小组

邀请你的爸爸妈妈和你一起参加，一起读一起看。一定要仔细看插图里的艺术作品，不能像故事一样看个热闹。爸爸妈妈如果不能像小朋友一样放松的时候，你要好好鼓励他们。

第三，完成创作作业

作为一个艺术家还是要有创作的。我请到了很多"助教"。

一个就是我的小儿子悠然，他从小就特别喜欢做手工。我讲哪个艺术作品，介绍哪个艺术家，做什么创作活动，都要通过他。他代表小朋友，好玩有趣的才可以放在这里。艺术创作的部分我不仅会和悠然一起玩。还有许多艺术思维亲子俱乐部家庭的艺术家们的作品作为参考。

欢迎大家和爸爸妈妈一起玩耍来完成作品。我们的很多作业可能不是做一个完整的作品，很可能是其他脑洞大开你从没做过的事情！

最后，敲下黑板，最重要的事情留在最后说。

既然你已经来翻开这本书开始学习艺术思维，正式成为我的学生了，那我来教你两招别处学不到的秘籍。

如果再有人因为不懂艺术而胡乱评价你的艺术创作，你可以这样回答：

第一个秘籍：这是我的风格

这个方式我在我家哥哥读幼儿园的时候试过。当时有几个小孩每天批评他画得不好，于是我们做了一个练习，把"这是我的风格"变成口头禅，果然，这些大词儿吓退了他们。

第二个秘籍：不要有分别心

这句话稍微有点难，但却是一个大智慧，而且也是东方文化的大智慧。每个人的作品都是不一样的，怎么理解都可以……这也算是你送给这些爱贬低他人的人一个礼物了。

不同的艺术形式都是平等的，不需要急着评判或者要一个标准答案。没有一个艺术形式好于另一个艺术形式；你们看艺术、创作艺术的时候都可以用这句话来让自己心态平和起来。东方的、西方的，油画的、水墨的，大师画的、小朋友画的，等等。

在艺术思维的整个学习过程中，我也希望你带着这样的心态，开放、平和地去学习艺术，这样，才好玩。

现在你看出来了，不听话是要有内功的。用艺术思维带你修炼内功，现在就先记住秘籍用以防身。

　　来，深呼吸，再默念8遍。

　　这是我的风格，这是我的风格……

　　不要有分别心，不要有分别心……

　　接下来就和我一起开始艺术思维的探险吧！

▶ 思维能力一

Observing
Describing
& 观察与描述

01

虚构还是现实？
相信自己的眼睛

◆

看艺术
马克·夏加尔《我与村庄》（油画）

学思考
思考工具：精细游戏
（Elaboration Game）
从局部开始的观察和探究

会创作
重组艺术元素，意临一幅画《你的村庄》

@ 木木
终于开始享受慢看的过程

当我第一次在看展的时候用到艺术思维，最大的改变是自己，真的开始 Slow looking（慢看）起来！

以前也会看展，每次都走马观花，我来过，打过卡了。今天来看展来回走了两趟，竟发现还有很多作品没看到。

艺术思维课程在潜移默化地改变我，这样的改变对我来说真的很棒。我很享受慢看的过程，享受与作品，与艺术家，与自己连接。

大师们好!

面对这个称呼，你可能还不适应，怎么书刚翻开还没读，我就成大师了？别急，读完这本书，成为大师是分分钟的事情。

那些美术馆的专业人士，那些大师，他们面对一件艺术品总能侃侃而谈。好像只有经过他们的指点，我们才能明白，原来画里有这么多的奥妙。

其实，这些侃侃而谈的背后不仅是大量艺术知识的积累，更是他们能看到细节，并且能描述出来的能力。学过艺术思维，你也可以像这些专家大师一样，面对艺术的时候可以侃侃而谈。

我想用一个问题来开始这一章节：我们为什么要看艺术？

我知道此刻你一定有各种想法，我这里有几个答案，看看有没有和你想法一样的：

A. 可以增加艺术修养。

B. 看好看的艺术，可以心情愉悦。

C. 可以提高分析能力。

D. 实在想不出有什么用。

E. (　　)

你还有什么答案，都可以在这里填空。你也可以拿这个问题去问问爸爸妈妈和朋友们，看他们是怎么回答的。

这几个答案都有道理，又不够全面。比如，艺术不一定都是让人心情愉悦的，也有画面气氛阴郁甚至很"丑"的作品。

看艺术的这个"看"，每个人的理解不同，所以答案也不相同。因为我们的生活节奏越来越快，屏幕越来越多。当很多人通过屏幕来看的时候，通常都是一种快速浏览的状态，手一滑动就有更多新的信息和画面，一个画面结束，另一个马上就出现，所以我们已经越来越难慢下来去看了。

而很多的研究表明，"慢看"是一个特别重要的能力。只有你花时间去探究了，才可能真正获取更多的信息，发现更多被忽略的细节。无论做科研还是做侦探，当然还有做艺术，我们都需要这个重要的能力。

所以在这本书里，我把"看"这个动词都用"观察"来替代，显得更认真、更正式一点。

在面对艺术的时候，我们往往也急着去找答案：艺术家是谁？是什么流派？作品题目是什么？在一幅画面前，反而忽略了作品本身。比如我就亲眼见到过一个爸爸带着女儿，在展厅里急匆匆地从一个作品标签读起，读完了再去读另一个，反倒对眼前的艺术作品视而不见，实在是太可惜了。

所以这本书的第一个单元里，我们要通过 4 个小节来练习一个艺术思维最重要的能力组合：观察与描述。

在我的课堂上，我经常会用一个特别好玩的游戏来带领大家开始。在这个游戏里，现场的同学们每次都要使劲控制自己才能做到不笑场，因为真的可以在游戏里设置很多陷阱，有一种边上课边"捣乱"的感觉。

言归正传，这个游戏有个认真的名字：精细游戏。

　　具体说来，就是把一幅画拆分成几个局部，然后一点点地展示给大家去看。因为我们平常总是看个大概，不深入探究，现在正好强迫你进入更多局部去观察，一步步发现的过程会十分有趣。

　　现在，请你停下来去看一看图片1.1—1.4，每一张用不少于30秒的时间去观察，然后描述一下，每一张图片里，你观察到了什么？

　　每一张图片描述至少5个最吸引你眼球的事物，可以是任何画面上的内容。建议你拿一支笔，把观察到的内容在空白的页面记录下来。

　　让我帮你按下虚拟的暂停键，两分钟之后再回来。

艺术思维练习模板 精细游戏	
图片 1.1	图片 1.2
图片 1.3	图片 1.4

1.1—1.4

我猜你可能会说，你看到了动物、房子、人脸等。但是要记得，既然你已经开始读这本书，我们就要试着去一点点描述更多细节，比如什么样的动物？牛？羊？是局部还是完整的？什么样的人脸？和平常的人脸有什么不同？是现实中的场景吗？有什么不同寻常值得注意的地方？

你可以假设自己正在打电话给一个朋友，正向他描述你眼前看到的画面，而他此刻无法看到画面，全凭你的描述才能够了解。所以只是说动物、房子，这样的描述根本无助于你的朋友了解画面上的内容。

在我的艺术思维课里，我曾经接触过很多小朋友大师，发现大家其实是观察到了，却总是马上脱口而出，但没有详细描述的习惯。

当你习惯了深入观察和仔细描述，就进入一个新的循环：你描述得越仔细，就观察得越深入，观察得更深入，就能够描述更多关于作品的一切。

我们前面提到的那些美术馆专业人士，就是有多年练就的观察与描述的能力，才能够在任何作品面前侃侃而谈，甚至在他们并不了解的新的作品面前也是如此。

我还接触到很多学生，他们会第一时间说，这是一个正在梦游的人，或者说这是一个农场主……记得我的问题是"描述你在画面上看到的事物"。可见，这样的回答其实是你的想法，也就是你已经对画面上的内容作出了解读，而不是描述。

什么意思呢，你在画面上看到的事实是：人、人脸、占据很大面积的局部的人脸，这些都是你看到的事实。当然你也可能看到，他的眼睛是向前直视的。

而观点是，你对这张脸作出了解读：他是愤怒的，悲伤的，好像刚从噩梦中醒来的，等等。这些并没有错，但是如果你把这些描述讲给你电话那头的朋友，他想象的画面恐怕和这幅画会有很大出入。

再举个例子，比如画面上有一个扛着工具的人，如果你的描述是"我看到了一个扛着工具的农夫模样的人在走路"，这就是画面上的事实；而如果你的描述是"我看到一个天不亮就要起床工作的农民正在赶去田里劳作"这就已经是你的观点。你如何看出了时间是"天不亮就要起床"？为什么看到的是上工而不是完成了工作？这些并不是画面上直接呈现出来的信息，是加入了你的判断。

所以我们这个阶段要学习的是尽可能深入地观察，然后能够相对客观地去描述细节。学会区分出两者的区别，这已经是很不容易的事，很多成年人也很难做到，事实、观点和情绪常常被混作一谈来表达。

如果要把四张图片拼接在一起，你会怎么拼呢？这张巨大的脸在哪里？倒置的房子和行走的人物又在哪里呢？当然了，因为这幅画实在太著名，很多人可能都已经知道完整的作品是怎样的布局，在图 1.5 大家也能看到最终的画面。如果你愿意，可以把这页剪下来，做成一个拼图玩一玩。

这幅画的作者是马克·夏加尔。这是一幅油画作品，题目叫作《我与村庄》，目前被收藏在纽约现当代美术馆。因为夏加尔的影响力很大，所以在很多地方我们都能看到对于他以及这个作品的解读。比如，他和毕加索是同时代的人，他的作品也影响了很多艺术家的创作等。

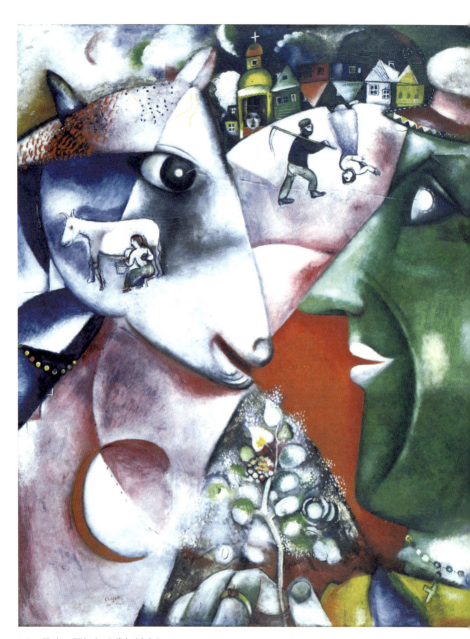

1.5　马克·夏加尔《我与村庄》

然而我在收藏这幅画的 MoMA 网站上看到的介绍，却很不一样，没有所谓的流派和额外附加的观念，就是特别详细的一段关于这幅作品画面内容的描述，你可以慢慢读一读并对比一下，刚才你看到的是不是这样的一个场景：

"在这幅画的中央，山羊和人的脸相遇了，他们的瞳孔被一条淡淡的、不均匀的白线连接起来。他们的鼻子、脸颊和下巴的轮廓构成了一组互锁的对角线、同心圆、颜色平面和碎片形式的基础。这两个面部中间由飘浮的人物和小插曲连接在一起，这些小插曲梦幻般地散布在整个构图中：在左边，一个女人正在挤牛奶；上面，一张飘浮的脸出现在教堂的入口处；一排房子里有两个是倒置的。"

夏加尔是在俄罗斯长大的艺术家，他居住的小镇被他描述为非常无聊的地方，当时他出于种种原因不能上学，他突发奇想要学艺术。更神奇的是，他家境贫寒、要养育 9 个孩子的妈妈竟然非常支持他，虽然完全不知道他到底能不能靠艺术生活。

为了学艺术，夏加尔要借用朋友的证件去书店、去看展，并且他的妈妈想方设法帮他去圣彼得堡的艺术学校上学。在 23 岁的时候，他才终于有机会搬到了当时的世界艺术中心巴黎，当时正是立体主义刚刚流行的时期。

巴黎对于一个新晋艺术家来说是天堂一样的存在。夏加尔接触到马蒂斯、莫迪利亚尼、凡·高等许多艺术家的作品，拼命地汲取艺术养分。

他在巴黎还接触了许多艺术家和诗人，这些交流都给了他非常大的启发，他逐渐探索出自己独特的艺术语言。到巴黎一年之后，他创作的这幅《我与村庄》就已经展示了夏加尔独特的抽象语汇。他用奇妙的色彩与记忆中家乡俄罗斯的乡村小镇风景结合，构建出一个梦幻的画面。

夏加尔的强烈风格引发了艺术圈的震荡，据说"超现实主义"这个词就是因为他而创造出来的。在我的艺术课里，如果一个人的创新突破，在现有的语言里没有可以用来描述的词，而必须创造个新词儿出来进行描述，这样的艺术家就是改变艺术史的人。

毕加索说，继马蒂斯之后，夏加尔是唯一理解色彩的艺术家。要知道以毕加索的傲慢自负，他是很少会对其他艺术家这样极致赞美的。

对于色彩的理解，夏加尔有完全不同的解读，他认为在所有的画面中，爱是不可或缺的。他说："如果生命的调色板上只能有一种颜色，为生活与艺术提供全部的意义，这个颜色就是爱。"听上去是很奇妙的一种感受，你认为爱是什么样的颜色呢？

虽然很年轻就离开家乡，但在夏加尔的画里充满了一种元素：故乡的风景、教堂、民间文化、花、小提琴、生命之树等。当然他还有许多作品描绘他的爱人。如果你看到色彩梦幻、一个女人飘浮在空中的画面，那大概率就是夏加尔的画。

有意思的是，他小时候家里面是完全没有艺术的。他在35岁的时候写过一本自传《我的一生》，描述了大量生活细节和宗教传统，这些对记忆详尽的描述让我们看到他从小就是一个特别关注细节的人。

很多人说夏加尔的画描绘的是他的梦境，对此，经历了第一次世界大战、第二次世界大战，从俄罗斯到巴黎再到纽约，这样度过一生的夏加尔却说："在我内心的世界，一切都是现实的，恐怕比我们目睹的世界更加现实。"

那么你觉得呢？他的画面对你来说是梦境还是现实？

本节重点内容回顾

1. 用精细游戏来观察作品《我与村庄》的画面，从局部开始深入观察、发现细节并且详细描述。

2. 关于事实和观点，初步了解一下区别在哪里。事实是画面上存在的内容，观点是经过了你分析之后的内容。

3. 简单了解了一位身世离奇的艺术家马克·夏加尔，用一生描绘记忆中的故乡和传统。

亲子创作

重组艺术元素，意临一幅画
《你的村庄》

最后，还要邀请各位大师和我一起来进行创作，
根据《我与村庄》来创作一幅《你的村庄》。

需要准备水彩纸、水彩颜料、笔刷和铅笔。

01 ── 02 ── 03 ── 04 ──

用铅笔画出
对角线，将
画面分成 4
个部分。

每个部分选择
《你的村庄》
画面中的元
素，用铅笔打
底稿。

水彩上色，
注意底色
要分明，
用纯色。

可以自行添加
村庄中的元
素，用非现实
的色彩。

参考组图 1.6—1.8 [艺术思维亲子俱乐部]
社群家庭的创作参考

1.6　艺术思维亲子俱乐部会员作品之一　　　　1.7　艺术思维亲子俱乐部会员作品之二

1.8　艺术思维亲子俱乐部会员作品之三

02

1 分钟时间
你能看见什么

◆

看艺术
巴勃罗·毕加索《哭泣的女人》

学思考
思考工具：CSL（Color, Shape, Line）
学习从艺术元素开始观察

会创作
手撕立体主义

@Elda
慢下来看展和对话，让我们更爱彼此

学了艺术思维，我每次都会请孩子一起看画，一起提问，一起找答案。耳濡目染，看展的时候她已经可以自己提出很多问题，自己联想，而且有时候我说走吧，她还说再看一会儿，以前都是看几秒钟就跑了。

我用艺术思维的策略和娃一起看绘本，里面有各种糖果命名的仙子，我就问娃："如果你是糖果仙子，给主人公小女孩送糖果，你会送什么样的，什么颜色的？"结果娃画的都是粉色，我问她这是什么味道，她说："甜的。"

她幼儿园毕业典礼，我就买了四种粉色的、很好看的食物送给她，说是祝贺毕业的礼物。结果她眉飞色舞地说："谢谢妈妈，这真是我特别开心的一天，我真想再过一次。"

这绘本是娃小时候的，很久没有拿出来看过了，很多低龄绘本都是打开五感的阅读，我真喜欢这样自由自在和朋友一起阅读和创造的亲子时光，没什么比这有更多的意义。

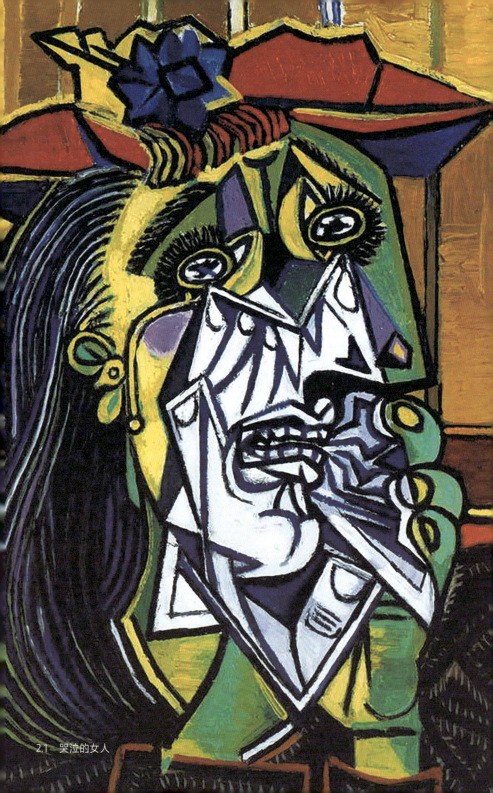

2.1　哭泣的女人

探索艺术思维，重要的是学会三件事：看、玩和聊。

现在，我们就用一个"1 分钟你能看见什么"的小游戏来开启这一章的阅读。请准备好：1 张白纸，1 支笔。

请你先仔细观察左页这幅画面。看局部、看细节、看整体，花大概 1 分钟的时间专注地去看。

然后，合上书本，根据记忆把刚才看到的内容画在纸上。可以自己计时 1 分钟！

可能很多人都能识别出来这是毕加索的作品。这个作品风格很明显，而且这幅画对大部分人来说也并不陌生。那么你此刻手里的这张纸是否把画面的内容反映出来了呢？

也可以画在这里，注意不要偷看！

我带的很多家庭的大人和孩子一起玩过类似的游戏，虽然我们对游戏结果没有要求，若是非要说一说大家的表现，这和年龄、记忆力、绘画技巧都没有关系，而是和每个人是否深入细致观察更加相关。

有些内容我们以为自己看到了、了解了，但真的深究下去，却发现其实连表面都没有看清楚。

如果大家没有慢看的习惯，就可以从这个练习开始，把你1分钟里看到的、记住的事物的重点画一画，然后就会发现，自己其实还远远没有了解它。

这幅图2.1的题目叫作《哭泣的女人》，是大家耳熟能详的西班牙艺术家毕加索的作品，大家可以把自己1分钟观察之后画下的内容和原作来个对比。相信通过对比，大家对这个画面的细节会有更多的发现，当然也会看到自己到底错过了些什么。

《哭泣的女人》是毕加索于1937年创作的一幅油画，是同一主题系列中最终也是最精致的一幅。这幅画描绘了一位女性的头部，她表情悲伤，似乎在痛哭流涕。

在艺术思维里，有一个更加深入的观察方式，是通过观察和寻找艺术家使用的艺术元素来提炼和分析艺术作品，简单却又不简单。这个方式叫作CSL，就是颜色（color）、形状（shape）和线条（line）的缩写。

通过观察方式的名字可以看出，这个方法就是通过观察和提炼一个作品的基本元素，用更深入的"突破第一眼印象"方式来分析画面。

现在进入第二个步骤，你可以拿出第二张纸，把纸平均折三折，每一个部分里面分别写上字母C、S、L来代表颜色、形状、线条。

我们再次回到 2.1《哭泣的女人》这个画面，把你看到的色彩、形状和线条，分别提取，并记录下来。这个过程不限时间，你认为自己完成了，这些元素都已经找到了，就可以继续阅读下去。

注意，这个尝试没有一个标准答案，尽你所能来寻找和记录就可以。有时候你可能看到一个线条或者一种颜色，但是在你的词典里并没有一个相应的词去形容它，你可以用自己的符号记录下来，或者干脆给它起一个新名字。比如一种深蓝色，你可以起名叫作深夜蓝；一种红色，你可以起名叫意大利肉酱红，只要你自己知道指代的是画面上的哪一部分就可以。

这里需要说明一下：什么叫艺术元素。一般来说，艺术家无论用了什么颜料和工具，他在创作中使用的艺术元素基本有 7 个：线条、形状、色彩、肌理、空间、明暗、图案。可能大家在学校里不是这样学艺术的，但越早了解这些艺术元素，越有助于你分析一个艺术家是如何创作的。

之前我在和大家做这个 CSL 练习的时候，有人问过一个问题：形状和线条有什么区别？这就是不熟悉艺术元素的表现。

大家应该知道"点"是什么吧：你用一支铅笔垂直放在纸上，笔拿起来之后，纸上留下痕迹，就是一个点。

而线条可以想象为是一个点到另一个点之间，有许多点，这些点已经连在一起，就组成了一条线，而这根线最两端的两个点并不相连。

形状就是一根线两端的两个点连在了一起，就形成了一个封闭的空间。形状有几何形状，比如我们知道的正方形、三角形、圆形；还有有机形状，就是不规则的，像树叶、动物，或者什么都不像。

如果可能的话，邀请父母、家人和朋友一起来寻找，或者你们能找到网络上的高清大图，放在更大的屏幕上观看，还可以把局部放大了看（想怎么看就怎么看），边看，边寻找和记录艺术元素，之后分别对比自己手里的记录。

艺术思维练习模板		
颜色 C	形状 S	线条 L

寻找颜色、形状、线条。

你可以计时两分钟后回来，看看你发现了哪些颜色、形状和线条。

我先说说我的观察，看看咱们的发现有什么不同。

这幅画里有饱和度很高的红色、绿色、蓝色和黄色，也有大量黑色在背景里使用，再仔细观察，画面中还有小面积的紫色，背景中有棕色和土黄色。

形状的部分，大部分是不规则形状，指甲部分有很多不完美的圆形和半圆形，以及很多无法命名的有一个或几个尖角的不规则形状。

线条的部分，很粗的黑色线条勾勒出这些形状或分割了色块，也有连续的重复的流畅的密集线条用于描绘头发，短促的黑色线条描绘头发、睫毛和眉毛；背景中的线条更加稳定，和人像的线条形成对比。

如果用刚才发现的 CSL 作为素材来描述画面，我选择这样完整的描述：

在这幅画中，一个女人被描绘成泪流满面的样子。她的眼睛睁得大大的，嘴巴因痛苦而扭曲。她的五官棱角分明，扭曲变形。她戴着一顶彩色帽子，好像穿了一件黑色的有三角形和不规则图案的衣服。画的构图是不对称的，女人的脸和身体占据了画布的左侧，好像边抹眼泪边看向画面右侧。

这幅画最显著的特点之一是大量不规则形状以及浓烈色彩的运用。女人的脸涂成绿色、黄色，眼睛中的蓝色似乎预示着眼泪，以手掩面的面部处理，令人感觉她的悲伤喷涌而出。

这幅油画高 60 厘米，宽 50 厘米，比这幅印在书上的小图片大上数倍，想象一下，一个比真人还大的长成这个面孔的女人在你的面前，直视她，仔细观察，你会有什么新的发现？

女人的眼睛虽然似乎全部是正面呈现，但给人的印象是她在同时直视前方和侧面。

女式帽子是色彩鲜艳的红色、蓝色，并且以黑色和黄色勾边，帽子上还有一朵蓝色的花。

女人的左手抓着一块手帕或纸巾，表明她正在擦眼泪，手帕的位置此刻没有在眼睛那里，而是放在鼻子下方。

女人的面部表情虽然并不是写实的，但是眉毛尾部下沉的角度、额头中间的T字形和颜色的分割，无不让人想起一个人悲伤时面部表情的自然变化。

还记得我们在上一章提到，夏加尔终于有机会来到巴黎，而那个时候是立体主义刚刚流行的时期。这幅《哭泣的女人》就是毕加索在这段时间创作的画作之一。这幅画通常被认为是立体主义和表现主义风格的杰作，它已成为悲伤和痛苦的标志性形象。

这幅画被视为毕加索抒发自己对于战争和暴力的不满和愤怒的象征之一，同时也被视为20世纪最具代表性的艺术作品之一。它在当时引起了很大的争议和反响，因为它的风格与当时的传统艺术风格有很大的不同。

毕加索一段时间痴迷于这个主题，题为"哭泣的女人"的作品，毕加索从草图到作品画了不下于100幅，对后来的艺术家和艺术潮流产生了很大的影响。

很多人一提起艺术史，就想到一大堆不容易记的名词，那么多的流派，根本不可能记住。但是立体主义很特别，它是毕加索和一个叫乔治·布拉克的艺术家在1907年共同发起的艺术风格，可以看作是一种全新的艺术表达方式。

就像我们不仔细看，只会觉得这个画上的女人很别扭，除了颜色太强烈，还有太多莫名其妙的形状和线条。

要理解立体主义其实有个很简单的办法，你可以请身边的人坐在那里当模特，而你从正面、侧面分别观察模特。或者选定任何一个事物，然后你从不同角度去观察。

立体主义就是把从不同角度看到的不同的面貌组合起来，并放在了一个画面上，而不是像照片一样只是从一个角度呈现。

立体主义的名字在英文里其实应该被翻译成方块主义，最初的立体主义还没有这么大胆，毕加索和布拉克都是一步步尝试着进行的。而且立体主义从开始到结束，满打满算也就 7 年的时间，是一种观察和绘画方式的过渡，它虽然短命，却为西方绘画的发展探索出新的方向。

从这个角度我们也能够理解，艺术史上一幅画的价值，并不是以好不好看来判断的。这幅画留在艺术史里是经过了价值验证的。

可以想象一下，在此之前世界上还没有人做过这样的尝试。当然也有人批评说，这就是完全以西方世界的价值观在解释和美化，毕加索明明是受到了非洲面具的影响才开始探索。这样说似乎也有一定的道理，非洲人的确早就这样创作了，只可惜我们能够读到的艺术史基本上还是以西方为角度的研究，我们也期待更多角度的观点在未来被发现。

总之，以后你在美术馆如果看到类似的画面，比如像是把好几张照片拼接在一起的作品，大概率就是立体主义了。

关于毕加索，有太多的故事，我们可以用几个小标签来概括一下：

1. 天才毕加索

一提到鼓励小朋友画画，有个说法我们都耳熟能详：毕加索说过，他用了一生就想画得像孩子一样。其实这句话还有前面半句，他说过：我 14 岁就能画得像拉斐尔一样。拉斐尔是文艺复兴三杰之一的艺术家，而毕加索这么说绝对不夸张。他爸爸是艺术老师，他 8 岁的时候画的画就让他爸爸惊叹，这个儿子画得已经比自己好了。所以他 14 岁达到拉斐尔的水平，绝对不是吹牛。

一句话，毕加索从小就是大家口中"别人家的孩子"，超级有天分。不过当他爸爸把他送到马德里艺术学院学习之后，他却对这些传承了上百年的艺术方法非常反感，就逃跑到了巴黎。

2. 社交达人毕加索

和大家印象中不同，毕加索绝对没有文艺青年腼腆的气质，他可是一个社交达人。因为天分高的人很多，要成功就必须交际，最好打入上流社会，毕加索就是这样想的，也是这样做的。他的第一任妻子就是出身上流社会的芭蕾舞演员奥尔伽，而他身边从来都不缺少女朋友，他的感情八卦一直是许多人茶余饭后的谈资。

3. 劳模毕加索

有天分也能交际，不过还有最重要的一项，要勤劳。

我有很多艺术家朋友总结自己的艺术家生活，说自己的工作其实更像一个农民，每天起早贪黑地劳作，根本不是大家想象中所谓艺术家的浪漫生活。

　　毕加索的一生堪称劳模，他的作品形式非常广泛，绘画、装置、雕塑、制陶，几乎什么都做。据统计，他一生竟然做了超过 45,000 件作品。他 91 岁去世，这样计算下来，如果从他一出生就开始创作，直到去世，每天平均做 1.3 件。这简直超出了地球人的能力范畴！他绝对堪称画家中的劳模。

　　毕加索说，工作对于他就像呼吸一样。从作品数量上看，他的确要把呼吸的时间都用来创作才能做到。

本节重点内容回顾

1. 用 1 分钟来观察，尝试把 1 分钟观察到的内容画下来。
2. 练习了 CSL，在《哭泣的女人》这幅画里寻找颜色、形状、线条。
3. 通过 3 个标签了解毕加索，作为天才、社交达人和劳模的不同面貌。

亲子创作

手撕立体主义

我们一起尝试来创作一幅立体主义的小作品。

➢ 需要准备白纸、蜡笔、剪刀、胶棒。 ◁

01

选定一位模特，分别绘制正面和侧面两幅肖像。

02

把两幅肖像手撕成数量相同的纸条（用剪刀也可以）。

03

拿一张白纸做底，把纸条重新拼贴成一幅立体主义风格作品。

可以参考插图 2.2—2.4 [艺术思维亲子俱乐部]

小朋友们的作品一起玩耍。

2.2　艺术思维亲子俱乐部作品之一

2.3　艺术思维亲子俱乐部作品之二

2.4　艺术思维亲子俱乐部作品之三

03

如果你是
一种颜色

◆

看艺术

金允宁《提喻》

学思考

思考工具：STW
学习超越语言的观察与描述

会创作

如果你是一种颜色，
深思并完成一个颜色的合影

@会丽
艺术思维对我是一种颠覆

艺术思维对我是一种颠覆！这些思维练习可以逐渐帮助我们改变看问题的方式，应该可以在某种程度上改变和这个世界的关系，哪怕一点点开始都是一种颠覆。

随着艺术思维的深入练习，我们对世界的观察和感知越来越细致、深入。看到了什么，从哪个角度去看，其实都是我们内心的投射。怎样形成了我们今天的观点，随着问题的一个个解答，就是对自己认知体系的梳理过程。

我也发现很多和我的科研训练不谋而合的思维方式，有时候需要集中解决某些问题，另外一些时候如果能扩散，能多角度关注，可在更多方面获得新的可能性。艺术思维竟然都可以支持到，既精深又广大，真的奇妙。

这一章里咱们一起再来看点特别的。

在前两章里，我们已经欣赏过夏加尔和毕加索的两幅作品。夏加尔和毕加索的作品虽然已经进入了现代艺术的范畴，基本上仍然是一幅完整的画面，画面虽然抽象些，但至少还是有形状的。夏加尔《我与村庄》构图组合虽然特别，还能看出牛、房子、人等形状，而毕加索《哭泣的女人》中女人的不同角度同时出现，但基本上能看出一个人的两只眼睛和一个嘴巴。总之，在某种程度上，我们通过外形可以判断画上有什么。

在我的书里，这么"简单"的画当然不会持续出现。在选择作品上，我打算不再"客气"。前方开始有挑战，大家做好准备！

当绘画继续探索下去，出现了更多的流派和表现形式：表现主义、超现实主义，色域绘画、行动绘画等，虽然是否记住这些名字并不重要，但这些眼花缭乱的概念代表的是艺术家们一直在不断尝试，探索到底还有什么新的形式可以用在画画上。

所以，现代绘画的发展，基本上就是新的绘画形式的试验田。

再后来，又进入了当代艺术，各种花样就更多了。因为在当代艺术里，作品背后的观念更重要，而这让艺术形式更加脱离了形式，一路放飞、花样百出。

艺术发展到今天，大家的探索已经越来越极致，绘画和创作的形式一点都不重要，作品背后的"为什么"，艺术家的思考与自己的经验联结的理念，才是最重要的。

我们今天要一起看的一系列作品，就是由生活在我们这个时代的艺术家创作的。他的作品有很多深刻的表达，形式却完全不花哨，对很多人甚至可以说得上有点简陋。

我们要通过一个经典的思考工具"STW"来仔细看看这一组作品。

看之前，我给大家介绍一下如何使用 STW 这个经典实用的工具。

STW 包含着三个层次的问题，回答了这三个问题，你就对一个作品超越了第一印象，从而进入更深一层的探究。

第一层

See= 观察 = 任何画面 / 作品形式上吸引你的元素

你看到、观察或注意到什么？

有意思的是，每个人对于一幅画面关注的角度是完全不同的，这也是大人和小朋友一起来练习艺术思维会互相启发的地方。

第二层

Think= 思考 = 你想到和联想到的任何事

你认为为什么会有这样的画面？

这些颜色 / 线条 / 形状为什么是这样排列？

这些作品让你想到什么？为什么？

每个人生活经验不同，同一个画面的元素，你我想到的和感受到的可能截然不同！

第三层

Wonder= 提问 = 基于前面的观察和思考，你产生的任何问题

你还想知道什么？你还有什么问题？

如果艺术家在面前，你会问什么问题？

没有谁可以说他百分之百懂得了一幅画，我们不断地回来看同一幅作品，就是越看问题越多，真正仔细观察和思考之后，一定会提出新的问题。

你可以在看画面之前找一张白纸，折三折，在上面写下三个字母：S、T、W，分别代表 See（观察）、Think（思考）、Wonder（疑问），然后把相应看到的、想到的记下来。你还可以邀请家人朋友一起，把你们的答案整合在一起。

现在，大家可以开始艺术思维的练习，请大家用两分钟来观看 3 幅插图 3.1—3.3，同时记录下 STW 的答案。这 3 幅作品来自同一个系列。

艺术思维练习模板		
观察 S	思考 T	疑问 W

3.1

3.2

3.3

通常很多妈妈看到作品第一眼时都会说：这是粉底的颜色卡！这是眼影盒的广告画！告诉我你的妈妈是不是也这么说了？

首先，在 See 观察这个部分，我们可以用艺术元素来描述，比如：这些画面上有很多长方形，而且是同一个规格的长方形，大部分颜色相近。每个画面上长方形的数量不一样。这些都是我们确实看到的、观察到的。

而妈妈们说的粉底的颜色组合，更是 Think 思考这个层面联想到的内容，喜欢做手工的小朋友可能会觉得是手工纸整整齐齐排列着，或刚刚装修完房子的人会觉得很像瓷砖……每个人想到什么都和生活经验相关，没有对错。

假设艺术家就在你面前，你会问他什么问题呢？比如：你在给粉底做广告吗？这么多颜色是怎么选择的呢？为什么每个长方形的数量不一样呢？你这样画画是不是太偷懒了？在 Wonder 的部分，你可以提出任何你想知道的问题。

以上这组作品，出自一位叫金允宁的韩国裔艺术家，他从小跟随父母移民美国，目前他在纽约从事创作。这幅作品在 1993 年参加了艺术界非常重要的展览——惠特尼双年展，为艺术家赢得了国际声誉。

这组巨大的"粉底色"作品，有个不太好理解的名字：《提喻》。什么是提喻呢，为什么取这样一个不太好理解的名字？这里先不解释，大家可以先仔细琢磨琢磨。

提喻（Synecdoche）这幅"粉底色"作品由 400 张单色绘画作品组成，每一张作品代表一个人的肤色。为什么每一张作品代表一个人的肤色呢？其实，这是艺术家对种族身份的探讨，这也正是金允宁作品的重要主题。

在一系列的访谈中，金允宁说，作为美国这个社会里的少数族裔，他对身份认同这个话题非常敏感，所以他的作品都是对自己真实经历的投射。

咱们不要被金允宁看似简单的单色画布所误导。他的画从表面上看是抽象的，比如仅仅用一块肤色来代表一个人；但在另一个层面上，金允宁的画作其实是非常写实的。

我们再次回到这个作品的名字——《提喻》。提喻其实是一种修辞方式，在中文里类似于借代、指代。简单解释就是："提喻"的表达方式即不直接说某一事物的名称，而是借事物本身的某个现象或特点来表现这个事物。

再简单一些就是：用局部代表整体。

我们小时候写作文，有个套路很多同学都会用：当你做了一件好事儿，比如扶老奶奶过马路，帮老爷爷撑伞，然后受到帮助的人问："小朋友你叫什么名字啊？哪个学校的啊？我给你写封表扬信去。"这时候，套路作品的回答就是，"我"边跑边说：我叫红领巾！

虽然这个作文套路有点尴尬，但是这里的确用了"提喻"这个洋气的修辞——这个作文里的"我"用"红领巾"代替了我自己这个做了好事不想留名的人。

回到金允宁的作品上，他用 400 块涂抹了肤色颜色的规格一样的木板，代表了 400 个不同肤色的人，这里不再是写作的修辞，而是画面的提喻，用肤色代表了一个个活生生的人。

说到自己的创作，金允宁说："有时候我觉得我的作品就是去关注一些生活里特别特别小的事情，然后再通过这些小得不能再小的事，去联系特别大的主题，就像是通过这些作品把

3.4　金允宁（左）在工作中

微小的和宏大的联系在一起。"

　　金允宁的这些作品里，每一块木板上的肤色都来自一个真实的人的肤色，我们在画面上看到的奶油米色、暖棕色、深巧克力色、接近纯黑的颜色，其实都是有其现实根源的。

　　大家可能会好奇，这些画面上的肤色是怎么来的呢？其实，这都是金允宁用油画颜料调制的。他是怎么做到用油画颜料画出这么接近真实肤色的颜色呢？如果是你，你会怎么做呢？是拍照了回来再重新调颜色？还是用其他的方式呢？

　　我看过一个关于金允宁创作的纪录片，他创作的过程也让我非常惊讶，能感受到他是一个极度关注细节的细节控。

金允宁认为他的画不是抽象的，他是在为每个人画"肖像"。而这个过程真的是极其真实的。金允宁会请每位绘画对象坐在他的对面，持续 15 到 20 分钟。金允宁会仔细检查他们的每一块皮肤，然后现场混合各种颜料以保证颜色复制的准确度。见图 3.4 金允宁正在工作中。

有时候他会用一块画布绑在模特的臂弯处，这样调制好了颜色，在现场就可以和真实的肤色做对比。为了减少光线的影响，他基本在统一的自然光线之下调制颜料。他会在现场调制出无限接近于真实肤色的颜色，并且调制出足够涂满这块小画板的量，然后存放在密封袋里，这样他回到画室继续完成作品的时候，就不需要另行调制颜色，以免每一次调色造成色差。

每个面板都重现了金允宁为其绘制肖像的对象的肤色。每块木板的尺寸都是宽 20.32 厘米、高 25.4 厘米。这些面板是根据临时模特们的姓氏按字母顺序排列的，最终成为一种抽象的群像。

这个艺术项目持续的周期也非常长，从 20 世纪 90 年代开始一直持续到今天，他会为一个特定的群体来画"群像"，比如一所学校、一个班级、一个组织，或者就是在一个美术馆里，路过的观众。

如果你问他这样画画是不是偷懒，相信这个好脾气的艺术家一定会用一个微笑作为回复，因为他从很早的时候开始就这样画画了。

金允宁从很早就开始画这种单色绘画，他还有一些"写实"作品也非常有趣，大家有兴趣可以自行去查阅欣赏。在这里给大家重点介绍他的三幅作品，这是他早期非常有意思的作品。在插图 3.5 可以看到。

© Dennis Cowley

코네티컷주 윌링포드, 햄시 드라이브 46번지, 우편번호 06492
46 Halsey Drive, Wallingford, CT 06492
1995/exhibition copy, 합판에 가정용 도료
House paint on plywood
243.8 x 121.9 cm , Broido Family Collection

© Byron Kim

머신스키 선생님(첫사랑)
Miss Mushinski (First Big Crush)
1996, 마포에 유채, Oil on linen, 38.1 x 29.2 cm
Collection of the artist; courtesy Max Protetch Gallery, New York

© Byron Kim

1984년형 닷지 왜건 *1984 Dodge Wagon*
1994, 마포 패널에 유채와 왁스, Oil and wax on linen and panel
3 panels, each 111.8 x 76.2; 111.8 x 228.6 cm overall
Broido Family Collection

这张画面上粉色条纹的作品叫作 *46 Halsey Drive, Wallingford, CT 06492*，康涅狄格州沃灵福德哈尔西大道 46 号邮编 06492。这个作品的名字其实是一个真实的地址，来自金允宁少年时期住过的一个真实的房子，这个房子现在还在。

当年这所房子被前房主罕见地漆成了粉色，金允宁的青春期就在这座粉色的房子里度过，这里给他留下很深刻的记忆。这幅作品创作的过程非常有趣，金允宁让他的家人一起回忆这所房子的颜色，并向他们提供各种粉红色调的油漆样品供他们选择。结果是，大家一起回忆出了大约 12 种不同的粉色——每个人记忆中的颜色都是不相同的。于是金允宁在画布上画出条纹，并把每个人记忆中的粉色都涂上。

哪种颜色准确？它们都是，因为记忆是与现实完全不同的个人场所。

第二幅作品的灵感是来自一件他小时候穿的横条纹衬衫，身为小学生的他受到老师表扬，于是连续三个星期穿着这件条纹衬衫去上学。

第三幅的灵感则来自他的第一辆车，虽然当时并不喜欢父亲送给他的破车，而且他后来换了好多辆车，但是他发现自己和这第一辆车的情感联系是最紧密的。

相信从这些作品中，你已经感受到了，金允宁是一个非常细腻极度关注细节的人。

的确，一个有趣的艺术家就是一本值得慢慢读的书，从每个艺术家的早期作品中，我们都能够看到他创作思想的发展轨迹。大家如果对金允宁的作品感兴趣，可以自己去搜索了解更多。

本节重点内容回顾

1. 第一次尝试了 STW 这个思维工具，从观察、思考、提问三个层面来学习区分和描述事实。

2. 一起了解了韩裔艺术家金允宁的作品《提喻》，这些看似抽象实则非常写实的创作。

3. 一个艺术家的成功不是偶然，而是坚持做自己逐渐发展出来的独特艺术语言。

亲子创作

如果你是一种颜色，深思并完成一个颜色的合影

你需要准备一张合影，
最好是五六个人以上的合影，里面的人可以是你的同
学、朋友或者家人，尽量是相对熟悉的人。

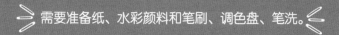 需要准备纸、水彩颜料和笔刷、调色盘、笔洗。

思考，如何用"提喻"的创作方式来画这张合影。不用
调制肤色，可以调什么呢？

每个人喜欢的颜色？每个人经常穿的颜色？性格
印象？……

按照你的"提喻"的决定，
来用颜色创作合影。

04

向现实射击

◆

看艺术
妮基 · 桑法勒 Niki《娜娜》

学思考
思考工具：5×2 10×2
学会慢看的策略

会创作
尝试一个安全的"射击"艺术

@ 鹏鹏妈
艺术让我窥见孩子心底真实的感受

　　亚楠老师的课，让我们的想象力爆棚，也让父母和孩子通过不同的方式打开感觉，突破听觉和视觉、画面与音乐的界限，通过颜色、符号、图像来思考、表达和交流。

　　鹏鹏在艺术思维课上画了三条线分别代表鹏鹏、爸爸、妈妈。三条线交织在一起，线上有一些疙瘩和绳结，代表爸爸妈妈曾与鹏鹏发生的小矛盾。在鹏鹏眼里，妈妈和鹏鹏发生的争吵要比爸爸多些。

　　我更加了解到，在孩子心中，还是有些需要改进的地方，尤其是交流方式。这个雕塑让我窥见了孩子心底真实的感受。

这一章里，有几个"特别"之处：

首先，这一章的作品有点酷；其次，新的思考工具实用又有趣；再次，这里介绍的艺术家是我个人非常喜欢的一位极有个性的女艺术家；最后，带你玩个"疯狂"一点的艺术创作，经过前三章的铺垫，相信你已经可以接受这样的玩耍了。

先来介绍一个新的思考工具。

你一定已经注意到，在本章标题的介绍里出现了：5×2和10×2这样的公式。看起来，它们和艺术没有什么关系，像是数学题？但这的确就是我们这里要用到的思考工具。

它的意思和数学题当然不一样：

第一个5×2表示：当你看一幅作品的时候可以分为两轮进行。第一轮，请先从画面上找出5个最吸引你眼球的事物，任何事物都可以，然后尽可能用艺术元素的角度来描述你看到了什么。

比如，你看到了什么样的色彩？有怎样的不同？你看到了什么样的线条、肌理……描述得越仔细越好——这就是第一个"5"。

在和大家分享了你们各自的5个发现之后，我们就可以开始第二轮了。

第二轮的要求是：再说出5个你的发现？注意，不可以重复第一轮大家已经提出过的已经发现和描述过的内容。

你必须去发现新的和那些被你和其他看画的人都忽略掉了的元素或者细节，说过的都不能重复，除非你在第一轮中发现的基础上又看到了新的内容和细节。

是不是觉得比数学题难多了？

我们现在总是习惯简单地浏览，在观赏一件作品的时候，往往看了一眼，就说"我看完了"。如果问你看到了什么？往往回答是"不知道"。"再回想一下还有什么？"好像已经忘了。

而这个练习，让你第一遍先通过第一印象，挑选五个最吸引你眼球的点，抛开之后，再回来继续看，才有可能发现更多。

由于第一眼能看到的都被排除掉了，你才能透过第一印象，深入下去看到更多的细节。这个策略可谓"用心良苦"。这个练习，不仅适合粗心的小朋友，也适合天天抱着手机的大人。如今的成年人每天在手机上刷刷刷，一屏两屏三屏就刷出去了，用进废退，很多的细节，我们现代人都快退化到视而不见了。

艺术思维练习模板 5×2	
1	1
2	2
3	3
4	4
5	5

我们再来看 10×2：先找出 10 个你看到的内容，然后讨论之后再找 10 个，就是 10×2。同样，你必须非常仔细才可以，而且不能重复别人的内容。

艺术思维练习模板　10×2	
1	1
2	2
3	3
4	4
5	5
6	6
7	7
8	8
9	9
10	10

现在，我们一起来认识一个作品极其有趣的艺术家，我们就先从她的作品来开始做做这两道"数学题"。

这一章的艺术家有个很高级的法国名字 Niki de Saint Phalle，她在中国也有很多粉丝，大家亲切地叫她 Niki。

4.1 《娜娜》

　　她年纪很轻就到了美国，早年还做过模特。她的人生有很多起伏，我想引用美国一个专栏作家的评价来形容 Niki，她说："这是我有史以来见到的第一个自由女人，我想像她一样。"

　　现在我们就先用她的作品来练习一下 5 × 2。

　　第一幅作品图 4.1，这是 Niki 的雕塑作品。和你的家人朋友一起，每个人来找出 5 个最吸引你注意的内容。

　　如果需要的话可以用白纸记录下来你和朋友们的讨论和发现，也可以记在艺术思维练习模板里。

　　很多人会认为这个雕塑作品很颠覆。你们注意到了哪些细节：夸张的造型，鲜艳的色彩，异于常人的姿态？确实，这组雕像中吸引眼球的元素太多了。

　　下一步，我们来进行下一个"5"的观察。这次你可以再次观看这组雕塑的照片：还有哪些是刚才忽略的，又能看到些

049

什么新的内容呢？

　　这里有一些观看时的提示：比如你看到了一条黑色的线，那么再深入观察一下，你可能会发现这条线的颜色其实是深浅不一的，或者是粗细不均匀的，或者它的方向让你会想起什么……总之，第一次观察中提到的元素其实可以涉及，但前提是你观察到了新的细节。

　　相信你已经发现了第二个"5"的难度：因为不能重复，你必须更加仔细地观察，才可能有新的发现。

　　这些体型巨大，色彩丰富的雕塑是不是非常颠覆？我们现在看到很多所谓的美的女性的形象，大都是瘦的、健美的，而在不同的年代和文化中，对女性应该是怎样的，也有各种有形和无形的限制。

　　而艺术中的女性形象，好像更想当然地被认为应该是"美"的，是应该符合那个年代标准的。Niki 做艺术的年代是 20 世纪 60 年代，那个时候美国的女性应该是家庭主妇，穿着短装的裙子，用着时髦的电器。而 Niki 的雕塑彻底打破了艺术作品中女人的固化形象。

　　最开始，Niki 的女性形象创作是受到一个美国艺术家朋友怀孕妻子的启发。但后来，她开始创作以社会上各种女性为原型的作品，每件作品的"身形"都非常丰满，并有不同绚丽色彩。这些色彩缤纷、明亮而大胆的作品，代表着 Niki 抗争的态度，去支持女性挑战所谓的针对女性的社会规范。

　　这样的作品你会怎么命名呢？

　　Niki 把这个系列命名为《娜娜》（Nana），这是她艺术家生涯当中非常重要的一个雕塑作品系列，1965 年 9 月在巴黎

4.2　《塔罗花园》

亚历山大·伊欧拉斯的画廊作首次展览。

　　其实，"Nana"在法语中是"女人"的通俗称呼，她也以此寓意 Nana 代表"任何一个女性"。她要用这些女性的形象鼓励所有女性打破一切束缚，自信、独立、高傲地生活，借以倡导女性身体和灵魂的解放。

　　提到 Niki，务必要提到的另一件作品或者说工程，就是《塔罗花园》，见图 4.2。首先，它真的是一座花园，用了 20 年的时间才竣工，坐落在意大利的托斯卡纳，是 Niki 受到西班牙艺术家高迪的影响而下决心开始的一个鸿篇巨制。塔罗花园的每一个细节都值得反复观赏和品味，它也成为世界雕塑奇迹之一，也让这位传奇的女性艺术家再次成为世界的焦点。

1974 年，Niki 第一次和朋友提到关于这个花园的设想，直到 1979 年，她才找到了合适的土地。此后历经 20 多年，Niki 以极大的毅力和韧性克服了数不清的困难和重重考验，完成了这个丰碑一般的作品。

"塔罗花园"这个名字也来自建造花园的构思，Niki 将塔罗牌中的 22 张牌重新加以设计，制作成巨大雕像，以上彩的聚酯纤维、陶瓷、玻璃、镜子及马赛克和水泥雕塑而成。

如果你有机会去意大利旅行，除了那些古典艺术及耳熟能详的文艺复兴巨头的作品，一定要找机会去近距离看看这座奇妙的花园。

介绍到这里，细心的大小朋友可能会困惑，这位雕塑家 Niki 和射击又有什么关系呢？美国一位策展人用"叛逆、复杂、反传统……"来评价她，大概这几个词正是 Niki 的写照。

Niki 是第一位真枪实弹用射击来作为艺术创作方式的艺术家。她把不同颜色的颜料装在盒子当中，再挂在画板上，然后开枪射击。当子弹击中盒子，颜料就随机地喷射或流淌出来，留在画板上，与画板上已有的浮雕式的立体形状形成特别的效果。

这是一张 Niki 正在进行射击创作的照片，见图 4.3。

有人说，Niki 更是在向现实射击，因为她看似充满阳光的笑容之下充满了伤痛。

Niki 年幼的时候，父亲给她带来很多伤害，再加上一段不幸的婚姻，可以说，虽然她童年和青年时期物质生活比较富足，但精神上遭受的打击接连不断，最严重的时候甚至被迫进入精神病院治疗。正是在医生的建议之下，Niki 开始用艺术来表达

自己，排解童年时代和婚姻生活中受到的伤害。

　　Niki 的创造力惊人，她的作品不仅体量巨大，数量也十分可观，在 20 世纪 60 年代初期男性主导的艺术世界中，为其开辟出一席之地。直至今天，她的许多作品依然十分具有影响力，比如，她作品中的形象一直是时尚界创意灵感的来源。

　　有意思的是，我看了很多 Niki 接受采访的视频，她一直在强调，她只想用她的作品带给世界欢乐，这是唯一的目的。她甚至说她不知道自己是怎么创作的，她无法用语言去描述，这些完成的作品是唯一的表达方法。Niki 说她所有的创作都是在无意识的状态下完成的，只是完成了之后才发现，这个作品似乎和女性相关。

真正有才华的艺术家，大概就是这样，他们也不知道作品是如何产生的，只是灵感操纵着双手不断地创作出令人赞叹的作品。

还有一种抽象表现主义绘画风格 ——"行动绘画"。艺术家通过泼洒、滴洒等即兴技法释放情感与能量，注重表现内心世界和瞬间灵感。最着名的行动绘画艺术家是杰克逊·波洛克图 4.4、图 4.5。

现在开始寻觅任何可用的工具和材料，用行动绘画释放压力带来欢乐！

本节重点内容回顾

1. 练习了简单又不简单的"算术题"，5×2 10×2。

2. 用 5×2 的方式一起细细观察了法国裔美国雕塑家 Niki 的雕塑作品 Nana。

3. 艺术是真实的表达，可以带人们走出精神创伤。艺术永远是你最好的朋友。不需要向别人解释和证明，当你想创作的时候，不需要任何人的允许，去做就好了。

4.4 杰克逊·波洛克正在行动绘画中

4.5 《融合》杰克逊·波洛克 1952

尝试一个安全的
"射击" 艺术

要足够大胆、叛逆的射击艺术
才算得上向 Niki 致敬啊！
当然，我们不会真枪实弹，以免发生危险，
咱们来个家庭版的安全的射击艺术就好。

——准备一张大纸贴在墙上，或者一面不怕脏的墙。

——水彩、水粉稀释三五种颜色。

——用厨房纸巾每次蘸取一种颜色。

——然后射击！将沾了颜色的纸团投向大纸／墙。

——注意保护好地面，投射水平差的话可以离得近一点。

——颜料干了之后，可以根据随机的形状继续创作完成画面。

参考图 4.6—4.8 悠然正在
我的工作室里做"射击艺术"。

4.6—4.8　悠然的射击艺术

Reasoning
推理与
论证

05

这不合逻辑啊！

◆

看艺术
梅拉·奥本海姆《毛皮包裹》

学思考
思考工具
（What makes you say that？）
学会一个口头禅经典提问

会创作
尝试"包裹"的 10 种不同可能

@ 新余
即使"愚蠢"的问题也无比珍贵

　　每次艺术思维的实践都是获取一手经验的过程，即使暴露问题也是无比珍贵的收获。

　　所以应该为自己的勇于尝试感到高兴并且坚持下去。喜欢你（同学）选的画，目前为止还没用艺术思维看过中国画，你的尝试启发了我。

　　借由和其他人的讨论，我们慢慢就会拓宽自己的认知和格局，也会理解和包容不同的观点，世界本没有唯一答案，也不会陷入"我执"里了。

从这一章开始我们要进入一个新的单元，也会开始艺术思维第二个主要能力的练习。在艺术思维调色板当中，这部分归类为"推理与论证"。

先来回顾一下，我们在"观察与描述"前四章里主要练习了如何慢下来，动用全部感官去观察、感受一个作品，从局部到整体，再到细节，把自己的观察发现和真实感受表述出来。

而在"推理与论证"这个单元里，我们就要进一步，尝试更清晰地梳理自己的想法，为自己的观点和想法找到支持。

艺术欣赏没有唯一答案，每个人的真实想法都值得被尊重。但是，每个表达的人需要为自己的想法负责。所以，只有尽可能清晰地表达并且找到支持的证据，才能获得更多的理解。

今天开始，我们一起来练习一个非常有效的思维工具，这个思维工具是一句值得每个人时刻挂在嘴边的一句有力的问话：What makes you say that？（你看到了什么让你这么说？）

很多参与艺术思维实践的老师发现，用艺术思维的方式上课久了，会养成问自己这个问题的习惯："你看到了什么让你这么说？"他们不仅在学校的教学过程中这样问，当回到家里面对孩子和家人的时候，也总会这样脱口而出。

这句问话真的太强大了，为什么我会这么说呢？

我们经常会脱口而出一些观点，关于一个人、一件事、一幅画，我们会说："我觉得好／不好，我喜欢／不喜欢。"

要知道，世界上每个人对同一幅画往往都会有不同的看法。

我们的成长经历和背景不一样，天然的喜好也不同，观点不同是再正常不过的事，多元化才是这个世界美丽和有趣的地方。

我们每个人都没有必要把自己的观点强加在别人身上。举个例子，如果问："猪肉馅和三鲜馅饺子哪个更好吃？"这个问题并没有正确答案，每个人的口味不同而已。但是如果你觉得三鲜馅饺子更好吃，你可以把自己的理由说出来，比如"三鲜馅饺子味道更鲜、口感更好"等，这样有助于他人理解你的想法，达到更有益、更有效率的沟通。

所以，重点不是下结论"猪肉馅饺子好吃 / 三鲜馅饺子好吃"，而是这句强有力的提问："你为什么这么说。"现在让我们抛开饺子，将同样的方式用在视觉艺术的交流，我们可以持续问出这个问题："你看到了什么让你这么说？"

试着把这句话作为你的口头禅：What makes you say that？（你看到了什么让你这么说？）

接下来，咱们就用一件艺术作品来练习一下这个思考工具。

这件艺术作品（图 5.1）来自一位女艺术家，是一件她在 23 岁时不经意的创作，但正是这件作品让她蜚声国际，直到今天，这件作品在艺术史上都占有重要的地位。

《皮毛餐具》

纽约现代艺术博物馆在 1936 年就购入了这件作品，但直到几十年之后，这家博物馆才再次为它的作者——艺术家梅拉·奥本海姆（Meret Oppenheim）举办回顾展，为她的艺术生涯画上圆满的句号。

这件出道即高峰的作品到底有多厉害呢？

现在我们就用"What makes you say that？（你看到了什

5.1 《皮毛餐具》

么让你这么说？）"这个思考工具来进行挖掘。

　　首先，试着用 3 个词来形容你第一眼看到这张照片的感觉，也可以和你的家人朋友讨论一下，记录下每个人表达的感受。

　　在我之前的艺术思维课里，很多爸爸妈妈和孩子看到这个作品的第一反应往往是：生理不适，觉得很别扭，很难受。

　　有的人说："感觉身体不舒服、嗓子痒痒的、已经想咳嗽了。"

　　还有人说：　"好像很暖和的感觉，特别想去摸摸。"

　　大人们会说：　"这不合逻辑，不合理。"

　　只有极少数年龄特别小的小朋友觉得"还挺好玩呢"。

　　总的来说，这件作品给人的感受是较为一致的。

　　接下来我要问：　"What makes you say that？"（你的依据是什么？ / 你看到了什么让你这么说？）

　　感觉生理不适的人，其实是因为作品视觉上的反差带来生理的不舒适。他们的关注点是：毛皮包裹在杯子上，而杯子是用来喝水的，因为联想到了喝水的功能，嗓子似乎立即有痒痒的感觉。

感觉到很温暖、想要摸一摸的人，关注重点在毛皮的质感；而觉得有趣的小朋友，则是想到了自己无法完成的恶作剧。

由此可见，多追问，有助于我们一步步剖析自己如何会有这样脱口而出的感受，从而让我们的表述更清晰。大多数时候，当我们看到一件作品，第一感觉可能非常强烈，以至于我们觉得这也太显而易见了，不需要去解释，其实不然，因为每个人的关注点可能都不相同。多问问自己，具体是什么让我们有这样的想法，才是最好的尝试沟通的开始。

这就是这个思考工具"What makes you say that？（你看到了什么让你这么说？）"厉害的地方。所以我建议大家，不妨从今天开始把这一句灵魂提问当成口头禅。

值得注意的是，当我们在日常生活中使用这句提问的时候，我们并不是表达质疑和否定，而是带着真诚去探究在每个和我们不同的想法背后究竟有着怎样的思考。只有这样，我们才能更进一步地了解这个多元的世界，才会有能力与持有不同的观点的群体共处。

再次回到这个看似是无厘头的恶作剧，又引起很多人生理不适的作品，为什么它在艺术史上这么重要，为什么直到今天我们依然值得对它一看再看？

这一作品的创作者梅拉·奥本海姆是瑞士超现实主义艺术家和摄影师，她是超现实主义运动的成员。

超现实主义是什么呢？我家哥哥特别喜欢的一位艺术家达利就是超现实主义的代表人物。达利留着标志性的小胡子，他最著名的作品是包含了数个融化了的钟的形象的《永恒的记忆》。我家弟弟5岁的时候曾经给他哥哥解释：超现实主义就是超越了现实的意思，当时让我大吃一惊，超现实主义基本就是这个意思。

梅拉·奥本海姆和许多超现实主义艺术家是非常亲密的朋友，她被视为超现实主义的"缪斯女神"。

梅拉算是一个自学成才的艺术家。她小时候在瑞士的外祖母家度过，由于外祖母是一位艺术家，她在那里接触了大量的艺术。同时，她受到一位姨母的影响，对艺术充满热爱。16岁时，她参观了由包豪斯设计学院在巴塞尔艺术馆举行的展览，由此激发了她对超现实主义的兴趣。

后来她虽然先后进入不同的艺术学院短暂学习，但似乎并不能接受学院派的学习风格。对她而言，和艺术家交朋友似乎比在美术学院上课更适合她。

梅拉受医生父亲的影响，曾经引用心理学家荣格的话表达自己对创作的理解："创造新事物不是由智力创造的，而是由内在需要产生的游戏本能创造的。"也就是说因为人有游戏的本能，所以就应该由这个本能来创作。而这个本能，所有的孩子都是与生俱来的。

对于奥本海姆来说，《皮毛餐具》这个作品就是一次堪称"游戏"的创作经历。

1936年的一天，奥本海姆在巴黎的一家咖啡馆遇到了巴勃罗·毕加索和朵拉·玛尔，当时奥本海姆正戴着她为意大利一家公司设计的手镯。奥本海姆设计首饰偏爱采用皮毛材料，她设计的这个厚厚的金属手镯表面就覆盖着豹猫皮毛。毕加索开玩笑说："任何东西都可以被毛皮覆盖。"奥本海姆回答："甚至，这个杯子也可以。"

在这个广为流传的无厘头的对话之后不久，奥本海姆去了一家百货公司，买了一套白色的茶杯、茶托和勺子，用黄褐色皮毛把它们包裹起来，并把这件作品命名为 *Object*。

这件无心之作引起了极大的轰动，成为当时超现实主义艺术的经典代表作之一。

她在创作中大胆地尝试使用不同的材料和形式，打破了传统艺术界的规则，推动了超现实主义运动的发展和演变。

可以说，材料的反差带给大家的生理不适，恰恰是这件作品对于艺术史的贡献。

都说出名要趁早，但放在奥本海姆身上，早出名似乎并没有为她带来一帆风顺的职业艺术家生涯。可以说她终其一生都在试图走出这个仓促成名带来的复杂甚至负面的影响。

出乎意料的匆忙成名后，她被巨大的压力驱动，一边继续创作作品，一边回到学校去上课，想以此提升创作技巧，做出比 *Object* 更引人入胜的作品。可是她发现这并没有什么帮助，她根本不知道自己的艺术生涯在这个超现实主义顶峰之后如何发展下去。

在随后的很多年当中，她再也无法创作出和《皮毛餐具》一样水准的作品，以致她患上了抑郁症，在大概 17 年的时间里完全无法进行创作。

"我的展览"

1985 年，梅拉・奥本海姆去世。2022 年，在收藏《皮毛餐具》作品 86 年之后，纽约现代艺术博物馆终于呈现了一个大型回顾展"梅拉・奥本海姆：我的展览"。

这个展览带大家完整地回顾了这位瑞士先锋艺术家的职业

5.2 晚年的梅拉·奥本海姆

生涯，通过包括油画、雕塑、装置、拼贴画和素描等形式的
180多件作品，全面展示了奥本海姆毕生的创造。

　　曾经有人采访奥本海姆，问她最喜欢什么艺术形式，奥本
海姆回答说："我从事各种艺术形式，只要我想做。"

　　从20世纪30年代首次与超现实主义艺术家一起展出的前
卫作品，到阿尔卑斯山地区的自然材料制成的拼贴画，再到青
铜和半宝石制成的雕塑作品……从自然世界、神话到性别题材，

以及自我意识的表现，这些看似在艺术语言中离经叛道的作品，源自奥本海姆广泛的兴趣、创造力和不设限的想象力。

除此之外，奥本海姆也是一位女性主义艺术家，她拒绝被称为女艺术家，因为她认为自己就是艺术家，而艺术家没有必要用性别去划分。

她也拒绝将艺术划分为"男性的"和"女性的"。对她来说，性别不是二元对立的，而是互相渗透的。她还认为"性别没有任何作用"。这就是她拒绝参加女艺术家群展的原因。

奥本海姆认为女性艺术家的首要任务是"通过自己的生活方式证明，那些几千年来让女性处于臣服状态的、看似无法被打破的禁忌实际是无效的。自由无法被给予，而是必须去争取"。

奥本海姆的艺术生涯有过高峰有过低谷，有过抑郁有过璀璨，但她始终坚持自我，坚持不被任何标签所定义，她的人生和作品一样，给我们带来启示和思考。

本节重点内容回顾

1. 开启艺术思维单元"推理与论证"，学会一个灵魂提问："你看到了什么让你这么说？"

2. 用这个思维工具来讨论奥本海姆的《皮毛餐具》作品：一次无厘头对话之后玩出来的作品，竟然成为艺术家不可逾越的高峰。

3. 游戏的本能竟然就是艺术创作的力量源泉。坚持自我不被标签限制，才有玩耍的自由。

亲子创作

尝试"包裹"的10种不同可能

接下来，
我们就用奥本海姆"玩耍"的态度来尝试创作。
可以选择你手边易得的任何生活用品作为创作材料，
打破限制、创造性地使用就可以。

————————————/————————————

——用任何你想到的创意的/不可能的/突破日常的
   方式来"包裹"。
——把你的包裹作品给家人朋友看，也可以请他们来
   猜，包裹里面是什么。
——一切皆有可能，反差越大效果越好。我教过的小
   朋友们曾经：用大葱来包一把水果刀，用火腿包
   裹一个碟子，用橘子皮包裹一个小苹果……

————————————/————————————

参考图5.3—5.5悠然同学来自厨房的各种奇葩包裹。

5.3　橘子包草莓

5.4　香蕉包酸黄瓜

5.5　肉包盘

06

论一堆垃圾
如何成为艺术

看艺术
阿尔曼·费尔南德斯《长期停车》

学思考
思考工具： TPS（Think, Pair, Share）
像侦探和科学家一样严谨

会创作
5 分钟，快速聚集的艺术

@ 邓婕
不断发问思考，内化成思维模式

艺术思维打开我更多看待原有事物的思维方式，在一些绘本或艺术活动带领中更多地去关注内容与个体的关联。

我是妈妈，也是老师，现在我在课程设计上会反复思考这个内容只是为了看上去热闹好玩，还是可以带给他们与主题内容更多更深的体验。

艺术思维也给我自己画画带来启发，我更关注自我感受的表达，也有了工具去不断挖掘和清晰自己的感受。

对艺术思维的运用，从课程到生活，从艺术到跨学科，真的是受益匪浅。就像亚楠老师所说的，不断发问不断思考，直到成为我们的口头禅，内化成我们的思维模式，就成了。

本节我们继续"推理与论证"艺术思维板块的学习，同时介绍一个特别好玩儿的艺术家和他的"奇葩"作品。他一脸严肃地创作了许多能突破我们的想象，但又发人深省的作品，而且他的创作材料就是——"垃圾"！

确切地说，是他妙手回春般把垃圾做成艺术，并且获得了艺术界的认同。几乎我所有的学生看完他的作品，都说过同样的一句话："我也可以！"

首先，还是来介绍本章的思考工具，依然由3个字母组成：TPS，分别对应着3个英文单词，Think（思考）、Pair（比较）、Share（分享）。

其实这个思考工具很多老师在上课的时候都会用到，用来在课堂上带领学生练习推理与论证。

"推理与论证"，听起来是一个很大的概念，其实，"推理与论证"最基本的还是要和不同的人、用不同的形式来沟通想法，不把想法表述出来怎么论证呢？

所以，TPS就从3个层面来进行：挖掘自己个人的想法，和同伴讨论沟通，再同更多人分享交流。

这个工具不仅被艺术老师用在艺术课上，它对于语言学习和科学研究都很有帮助。

比如，读一段文章之后的讨论就可以用同样的策略；比如，小朋友听了一个绘本故事后，也可以这样展开讨论。

再比如，在进行科学研究时，一个科学家对某个议题有了自己的新发现和想法，他也要和团队、助手一起交流验证，听取更多不同的意见，然后再把他们认为最重要的想法和更多的人分享。

所以，TPS 可以说不仅是老师们的秘密武器，普通的父母和小朋友通过尝试掌握了之后，也都可以很轻松地带领很多人一起讨论和推理论证。

下面我们就来分解一下 3 个单词分别对应的思维活动。

T=Think= 思考

第一个字母 T，就是 Think，思考。首先，我们接触到一个问题的时候，自己要先花点时间好好想想，你有什么看法。比如看到一幅画，可能会被问道："你觉得这个画面上在发生什么？"

那么你就要用咱们第一个单元学到的那些慢看的技巧，好好地看看到底画面上有什么元素，呈现出一种什么氛围等。

最好用笔记本记录下来，以免忘掉或者重复。一般写下 3 个想法就可以了，具体的内容大家可以翻看本书前四章复习一下。

P=Pair= 对比、比较

第二个字母 P，就是 Pair，在这里大概是对比的意思。那么和谁比较呢？在我的课堂上，会把同学们分成两人小组，大家把自己独自思考时的想法互相进行对比。

现在，你可以写下笔记的第二部分：把你的伙伴想到但你没有想到的补充到这里。

这个对比是一个特别好的过程，你可以学会聆听、理解另外一个人的想法。而且因为小组的规模很小，大家交流是一对一的，压力自然也会小很多。

S=Share= 分享

最后一个字母 S，Share 分享，就是和更多的人分享，比如和全班的同学分享。这时候不是分享全部内容，而是选出你的笔记上你们小组认为最重要的一个观点。

这种层层递进的想法形成和交流的进程是特别设计的，因为不是每个人都擅长向一个群体分享想法。而不分享并不意味着没有想法，或是他的想法不值得倾听。在这种小组共同形成看法的过程中，每个人的声音都被听到了。

真希望所有的老师都可以理解这个思维工具设计的深意。我在好多年前刚刚学习到这个方法的时候，就很感动。因为小时候的我很内向，不太愿意跟其他人讲话和表达自己，但其实我是有很多想法的。当时如果有一个小伙伴乐于倾听，我是非常乐于分享的。

每个家庭就可以是一个小组，不过，这里要特别提醒，爸爸妈妈和小朋友做小组伙伴的时候，不要催促，也不需要评价每个人想法的高下。毕竟对于一个艺术作品，每个人有不同的想法是再正常不过的事情。

读到这里，你可以停下来，或者另找机会邀请家人朋友一起，来组成一个艺术思维小组，一起用这个 TPS 工具来看看一位艺术家的作品，毕竟纸上得来终觉浅，还要全家玩耍才能得功夫。

建议你的家庭临时小组里，每人拿一张 A4 白纸，折三折，每个部分标出 T、P、S。

记得：

T：3 个你自己的想法。

P：和伙伴交流，把你没有想到的记录下来。

S：你们一起讨论最重要的一个观点。

不会写字的小朋友也完全可以参加，把你的想法画出来就可以！

现在拥有了艺术思维新工具，我们来看插图 6.1《长期停车》。

看到这个作品，你感受到、想到了什么？

在纸上记录和讨论你们的想法。我曾经和大家的助教悠然组成了讨论小组，记录下了我们的讨论，大概是这样的：

关于 T，Think 这个部分：悠然的 3 个想法是：①好多车堆积在一起太酷了；②他想到他一个好朋友一定也会很喜欢这个作品；③再仔细看了之后，他觉得这个雕塑给了他一种"家一样的感觉"。

我对这个作品已经很熟悉了，再看一次又有了新的想法：①艺术家是如何决定用多少辆车来制作这个作品呢？②如何选择放置在郊区这个场地呢？③作品很有意思，我要去看看更多的资料，因为到现在报废汽车的数量一定更多了。

Pair 的部分：我对悠然说的"家一样的感觉"非常着迷，这是我万万想不到的。而他倒是也很想知道艺术家如何找到这么多报废汽车，以及为什么用恰好这个数量的车来制作这个

6.1 《长期个

作品。

　　S 分享的部分：如果此刻我们在一个教室里，我和悠然这个小组一致同意想分享的就是：我们觉得这个作品带来了一种"家的温暖感觉"。虽然到现在我也并没有理解这个观点，但并不妨碍我支持这个说法，并且试着去理解。或许是因为熟悉之物换了个形式存在，更有亲切感？

　　你们家里的艺术思维小组，又会选择和大家分享哪一个想法呢？写在这里吧。

艺术思维练习模板		
思考 T	比较 P	分享 S

变废为宝的艺术家阿尔曼

　　我们刚才讨论的作品是艺术家阿尔曼·费尔南德斯的一个名为《长期停车》的雕塑，它位于法国郊外的一处地方，创作于 1982 年。这座 18 米高的巨大雕塑由 60 辆汽车组成。因为阿尔曼是法国人，所以其中的汽车主要是法国汽车，这些汽车被镶嵌在 18,000 公斤的混凝土里面。

对于报废的汽车，在美国有很多 Junk Yard（垃圾场），是悠然和哥哥小时候最喜欢的地方。那些旧汽车堆放在一起等待被拆掉零件，或是被挤压回炉。明明是已经走到尽头失去价值的东西，在阿尔曼这里又成为新的形式的艺术品。

他的很多作品可以用几个词来形容：旧物／垃圾，大量重复，堆砌。有时候会让有密集恐惧症的人产生不适。有人说他就是个破烂王，专门收垃圾然后堆积起来进行创作。这个形容倒还挺贴切的，因为除了旧汽车，他还用很多不同的垃圾创作过。

他收藏的对象可谓是千奇百怪，几乎涵盖了日常生活中的一切物品。有人试着列了个清单，统计他到底都搜集过什么破烂，部分如下：钥匙、鞋撑、瓶盖、搪瓷水瓶、假牙托、齿轮、自行车灯、收音机灯泡、电灯开关、阿司匹林药盒、老式指挥刀、手枪、钢锉、玻璃眼球、电子管、手表盘、塑料娃娃、钢珠、皮尺、糕点模、杀虫剂喷雾器等等。

可就是这么个破烂王，1991 年，法国总统给他颁发了骑士勋章，1993 年更是获得了法国国家荣誉勋章，他可以算得上是世界上获得最高荣誉的破烂王了吧。

那么这位垃圾骑士的故事到底是如何开始的呢？

阿尔曼·费尔南德斯于 1928 年出生于法国尼斯，从小就表现出早熟的绘画天赋。

有着过人绘画天分的他，受到当代艺术的影响，发展出自己收破烂的新艺术风格。他的艺术形式被称作"集成艺术"（又称集合艺术，就是收集、堆积现成物品，并赋予收集物一个讽

6.2 《冷冻的文明》

刺式的标题，以此来改变其本来的含义）。他就是这个集成艺术或者更贴切的命名——"垃圾箱艺术"的创始人。

为了创作，阿尔曼·费尔南德斯收藏的对象可谓是千奇百怪，几乎涵盖了日常生活中的一切物品。甚至他的"垃圾箱"系列作品，见图 6.2《冷冻的文明》，就是直接把不同的废弃物装进透明玻璃箱，参观者能够很清楚地看到玻璃箱里装的是什么。这个系列的作品看上去就是把你家里的垃圾箱变成透明的，任人参观。

他将鸡蛋壳、烂果皮、破布、废纸、烂草、烟蒂、火柴盒、废磁带和瓷片等日常生活中的各种垃圾废物乃至脏土都收集起

论一堆垃圾如何成为艺术

来，混在一起，装在透明的玻璃箱中，标题也老老实实地注明"垃圾箱"。

读到这里，相信你跟我一样好奇，为什么阿尔曼要这样做呢？生活垃圾是用过之后的废弃物，为什么要展示出来呢？

我个人的理解是，垃圾其实有时候更能够呈现出一个人真实的样子。

从一个人留下的垃圾里几乎就可以准确地判断出来，这个人在做着怎样的事情、过着怎样的生活：是不是点太多外卖？是不是更热爱下厨做饭？在哪里购物？是不是经常网购？

通过阿尔曼的这件作品可以思考这些"垃圾"本身的来源和价值。"垃圾箱"系列作品，在被遗弃的"垃圾"和被审视的"艺术"这组对照关系中，精准地诠释了生活残余和生活的联系。

阿尔曼以无比的热情投入到以实物堆积的方式进行观念创作中，还有一个原因是当时法国新现实主义艺术家对消费的关注和表现。新现实主义，这个艺术新词，源自1960年阿尔曼与其他艺术家签署了一个叫作"新现实主义"运动的宣言。

这一群艺术家希望实现在创作中"对现实采取新的、敏感的、有洞察力的方法"。阿尔曼从那时候开始研究日常物品的艺术可能性，赋予它们前所未有的重要性——垃圾或废弃物品转化为艺术。他的主要形式就是把这些他选择的垃圾以意想不到的方式聚集在一起。

需要注意的是，他的创作，和我们现在看到的很多用二手材料创作一个看上去不像二手材料的艺术是完全不同的，他保留着二手材料、垃圾的本来样子，只是堆积的方式不同。

这个堆积还有一层意义，就是他在很多年前就提出的质疑——过度生产和消费、太多的物品、过剩的生产，这也正是今天越来越凸显的问题。艺术家的洞察力果然更加超前。我们现在的生活被物品、被买买买所包围，但是我们真的需要那么多衣服，那么多包包，那么多电子产品吗？

阿尔曼的集成艺术，直到今天看来也是有意义的，即便在艺术家的提醒之下，过度消费似乎并没有减少，反倒是愈演愈烈，已经停不下来。

这些当代艺术家，看似做着一件疯狂不可理喻的事情，但其实这些疯狂行为的背后是一个更加广阔的心灵。他们旨在提醒陷在忙碌生活惯性里的大众，正在发生的生活未必就是合理的。

相信今天看完阿尔曼·费尔南德斯的作品，你应该已经跃跃欲试了吧，现在想想看，如果向阿尔曼·费尔南德斯致敬，咱们可以创作点什么？

本节重点内容回顾

1. 学习了一个新的思维工具 TPS：思考、比较、分享。

2. 用这个思维工具来讨论阿尔曼·费尔南德斯的作品《长期停车》。

3. "垃圾箱"系列作品：垃圾其实有时候更能够呈现出一个人真实的样子。艺术家疯狂行为的背后是一个更加广阔的心灵。

亲子创作

5分钟，快速
聚集的艺术

―― / ――

――环顾四周看看你有没有重复购买，你拥有最多的
物品？妈妈的化妆品？小朋友的乐高？
――用 5 分钟搜集，并把这些物品按照你想到的组合
方式摆放出来。
――拍一张这些物品的大合照，你也可以在其中。

―― / ――

参考图 6.3 悠然的创作。

07

你如果有这样的
奶奶

看艺术
小野洋子"天花板绘画"

学思考
思考工具：CSQ
（Claim, Support, Question）
面对不了解，如何假设求证？

会创作
和奶奶高歌一曲

@ 海风
从画画到跳舞，一切不可思议

艺术思维课看了这么多作品，姐弟俩最大的感受应该是："原来什么都可以是艺术。"

家里有一些艺术家的画册。坐在餐桌上，随便抽一本，弟弟会很老练地说："这个，这个，这个，还有这个，这些艺术家的作品，亚楠老师都带我看过了。"然后会说："我喜欢×××……"

从小到大爱画画的弟弟越来越有想法，这一季上课，他常常是耳朵一边听着，眼睛一边瞄着，然后依然按自己的想法画画。

我给孩子们当模特，画到最后，我已经被孩子们抽象了，鼻子不是鼻子，眼睛不是眼睛，大家哈哈哈哈笑个不停。

太欢乐了，放下画笔，我们三个竟然跳起了舞，就是要乱跳，怎么奇怪怎么跳，我竟然和姐姐一起扭起了屁股。

画画画到了跳舞，这真是不可思议的事情。

我想，所谓上课不仅仅是那一个半小时，而是轻轻地，弥漫开来，进入你心里的那些点点滴滴。结结实实的一段时光，我们一起，画画，说话，遐想，从头到尾。

所以，我收获的是这段时光里，我们一起，彼此安心陪伴。

读到这里，有没有对未来的期待？是的，越来越好玩的当代艺术正在——展现！

有些艺术家很出名，但是我们并不知道他有什么作品，而且似乎越出名，外界对他的误解就越多。这一章我们要接触的艺术家就是这样：艺术家的名字人尽皆知，本人比作品更出名。人们对她的爱有多浓烈、对她的恨就有多刻骨。甚至直到今天，她已经年过 90，依然在艺术界活跃着，她的一举一动也依然充满争议。

除了艺术家"奇葩"，这一章的创作更加"非典型"，是名副其实的当代艺术。如果你们认为前面章节里的创作部分已经区别于学校的美术课，某种程度上"放飞了自我"，那么在这一节的学习结束后，你会发现结论下得有点太早。

话不多说，现在就开始新的冒险吧。

艺术思维新工具

介绍一个还是三个字母命名的工具：CSQ，分别代表 Claim 声明、Support 支持、Question 提问，三个字母三个单词，层层递进地练习。

练习的第一个部分 Claim，有点类似于"声明"的意思：把你对一个事物或者一个作品的理解阐述出来；第二个部分 Support：你如何用证据来支持和解释你的想法；第三个部分

Question：你还有什么没有充分表达出来的，或者你有什么更新的理由来支持你的想法。

在这个单元，我们已经进入推理与论证的阶段，会比第一单元"观察和描述"的难度有所提升。如果对于前面的章节已经认真学习和练习过，那么你一定对本节的思维工具多少有一点熟悉的感觉，没错，CSQ 的练习其实是基于我们对 STW（See, Think, Wonder）的熟练掌握，是层层递进地练习。你会发现，这两个工具的基本逻辑是一致的。

下面我们就用一个艺术家的作品来尝试着使用一下这个思维工具。

艺术家

前面吊足大家胃口的艺术家叫小野洋子，因为和披头士乐队主唱约翰·列侬结婚，这个名字被大众所熟知。约翰·列侬曾经这样评价作为艺术家的小野洋子："她是世界上最著名而不为人知的艺术家，每个人都知道她的名字，可是没有人知道她做了什么。"

她的作品很难被定义，不是简单的一幅画、一个雕塑或特定一种形式的艺术，从实验音乐到行为艺术，她的作品包含了各种奇奇怪怪而无法被定义的形式。

在她众多充满争议的作品当中，我选择了一个相对温和的作品介绍给大家，我们一起来进行 CSQ 这个思维练习。

现在可以去看插图的 7.1—7.3，按照顺序，图 7.1 是展览现场，图 7.2 是艺术家在现场示范如何看这个作品，图 7.3 是透过放大镜看到的作品内容，也是艺术家传递的核心信息。

7.1　天花板绘画 1

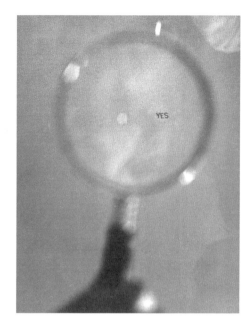

7.2　天花板绘画 2　　　　　　　　　　　　　　7.3　天花板绘画 3

　　像之前的 STW 一样，大家可以同样将一张白纸折三折，分别标注 C、S、Q，然后在 C 这个 Claim "声明" 的部分，把你看到的以及你的想法先记录下来。

　　我要先解释一下这件作品，1966 年，小野洋子在伦敦的一间画廊里展出了这件作品：放在房间中央的白色梯子，上方天花板上有一个带框的玻璃板，玻璃板旁边垂下来一根链子，链子上连接着一个放大镜。拿起放大镜查看玻璃板，会看到一张小纸片，上面写着一个字 "Yes"。

　　听起来，这个描述似乎与 "从前有座山，山上有座庙，庙里有个老和尚" 有些类似。

声明 C	支持 S	提问 Q

艺术思维练习模板

了解了这些，你会在 C / Claim 这一栏里添加哪些新的想法呢？

基于我对小野洋子的了解，当我第一次看到这个作品的时候，我以为这又是一个充满刺激和张力的互动设计，意图激发人性中被压制的一面，或者想要挑战什么。可是我没有想到，为了欣赏作品，大费周章地爬上爬下之后，看到的只是一个小小的"Yes"，泄气之余也不得不感慨：这个 Yes 的确有四两拨千斤的含义。

回过头去看，当时我如果记录下 C / Claim，应该就是：正向积极的态度需要经过真实的努力才可以达到。

大家可以继续整理提炼一下核心主张，然后我们共同进入 S 的部分，Support：支持你主张的理由是什么？

我的理由是：

1.Yes 是一个肯定的意思，代表一种正面积极的态度。

2. 每个观众都需要大费周折先爬上一个梯子，还需要拿起放大镜仔细找，才能看到这个 Yes，这个过程就是一种努力的过程，不是自然就会发生的。

你也可以和家人朋友一起讨论一下你的 S。

然后我们来进行第三个部分，也是最有意思的部分：Q，Question。

相信大家已经注意到，在艺术思维的所有工具当中，总是有类似 Wonder、Question 这样的部分，正因为如此，我们不可能一次就找到所有的正确答案，我们并不需要被唯一的标准答案所束缚，思考也不会就此结束。我们永远要乐于去发现：还有什么问题？我们还想知道什么？还有哪些新的想法？而这些，才是思考最有趣和有益的部分。

我的 Q 其实有很多：小野洋子希望用正能量引导观众吗？观众如果眼神不好，找不到这个 Yes 该怎么办？她希望观众在展览现场停留多久呢？这个 Yes 对她而言意味着什么？为什么是 Yes，一个符号一个其他形象可以替代吗？

大家也可以尽可能多提问题，表达更多关于这个作品的想法。

有人说，关于这件天花板绘画的作品，它提出了一个艺术本体是什么的问题，比如这个作品包括几个部分组成？作品到底在哪里，是梯子还是这个单词"Yes"，还是观众的攀爬和用放大镜寻找的行为？"Yes"这个词有没有固定的含义？

小野洋子的丈夫约翰·列侬 1966 年也去了天花板绘画这个作品在伦敦的展览现场，这个著名的乐队成员说，"这个最小的 Yes，达到它充满困难"。

虽然大学从哲学系辍学，但小野洋子的许多作品天然带有充满哲理的思考和隐喻。她说，这件作品是一段从痛苦通往希望和肯定的旅程，像大教堂一般高不可攀，无法实现。实际上，它传递的宽慰和积极性反映了她的个人哲学。

当然，对一件作品了解得越多，就越容易陷入"标准答案"的陷阱。在艺术思维里，我们更愿意大家去表达自己的看法，强烈建议大家把这个作品介绍给家人和朋友，也听听他们如何诠释、如何提出支持理由、如何提出问题。倾听他人的观点，也是学习艺术思维非常重要的一部分。

小野洋子（英文名：Yoko Ono），出生于 1933 年，她是一名艺术家、诗人、歌手、导演、作曲家和反战活动家。她1953 年随家人移居纽约，之后又在伦敦、纽约和东京生活，成为推动激浪派和观念艺术发展的关键人物。当然对于她个人而言，她从来不认为自己属于任何一个流派。

从在 20 世纪 60 年代的纽约艺术界崭露头角之后，直到今天，小野洋子成为一个叛逆的符号，在观念主义、偶发艺术、激浪派和录像艺术领域都能找到她的身影。她也是实验音乐界的先驱，那些碎拍、尖叫、叹息、寻觅的人声探索录制，预测了朋克、女权朋克、艺术摇滚和流行音乐的趋势。

她身上的争议非常大，比如，大家认为广受喜爱的披头士乐队的分崩离析，就是因为小野洋子。她的很多实验音乐作品也令人无法接受，很多人说她就是个女巫。但是她内心非常强大，即便全世界都在误解她，也无法打垮她。蓬勃的创造力也一直支持着她，虽已年过 90，她依然活跃在艺术舞台上。

前些年，她出席了在中央美术学院的一场见面会，台下是座无虚席的艺术专业的大学生和艺术家，这位老奶奶当场旁若无人地高歌了一曲，台下的观众都为她的表演所震惊，都为她疯狂。

你可能会问，又做艺术又歌唱，是不是上天太眷顾她了，给了她这么多天赋？小野洋子的演唱绝对不是以嗓音动人或歌曲编排取胜，和她所有的艺术作品一样，她的歌唱以理直气壮的凌厉气势来深入人心。

提到小野洋子，就不得不提到她最著名的另一件作品《碎片》，这是一个行为艺术作品：邀请观众用剪刀去剪碎她的衣服。通过这样的互动，可以探测到作为公众中的每个个体——人的行为底线在哪里。当然，这些行为艺术表演是有明确界限的，必须在展厅或划定的艺术空间里进行。

随着年龄的增长，小野洋子的大爱和包容的一面得到更多展现，比如我们刚才看到的天花板绘画。她还曾在柏林发起了一场"Yes 行动"，她亲手写上带有 Yes 字样的卡片，在柏林的不同地点分发给路人。

她还制作了一件名为"Yes"的参与性作品：在她的邀请下，观众用自己的语言在白板上书写带有肯定正面态度的"Yes"。来自不同文化背景的观众共同参与，好像大家一起作出了积极正面的承诺。在这个意见越来越分裂的世界，这一行为似乎达成了某种片刻的和谐。

就像小野洋子说的："一个人的梦想只是梦想，所有人的梦想就是现实。"她的许多作品都通过公共参与的设计带给世界更多的爱。比如她曾经做过一个项目"我的妈妈最美"，就是邀请每个参观者写下妈妈最美的样子，再贴上妈妈的照片，后来这个项目在网络上延续，每年都有来自世界各地的人在活动的页面上留言。

　　小野洋子最好的作品或许很难定义，但她在受到大量误解的情况下，依然做真实的自己，向世界传达善意，她最好的作品，大概就是她自己。

　　真正的艺术家，生活就是她的作品。

本节重点内容回顾

1. 学习了思考工具 CSQ：Claim、Support、Question。

2. 介绍小野洋子和她的天花板绘画、Yes 绘画。

3. 真正的艺术家，把自己活成作品。

亲子创作

和奶奶高歌一曲

———————— / ————————

——邀请一位伙伴，除了奶奶，其他长辈、爸爸妈妈
　　也可以。
——大家可以扫二维码进入公众号"戴亚楠家庭美育"，
　　回复小野洋子，和你的表演伙伴收看小野洋子的
　　一分钟演唱现场视频。
——然后一鼓作气和你的表演伙伴按照这个小野洋子
　　的风格来"高歌"一曲。
——记得，小野洋子所有的作品都以"气势凌人""理
　　直气壮"而著称，千万不要唱成了卡拉OK！

———————— / ————————

祝你成功！

▶ 思维能力三

Exploring
Viewpoints
探索
观点

08

忘掉艺术课里
的一切

◆

看艺术
让·杜布菲《乌尔卢普》

学思考
思考工具：观点圈
（Circle of Viewpoints）
学会多角度探索多元观点

会创作
原生艺术立体纸雕塑

@ 颖
用了艺术思维，女儿重新爱上画画

半年前我女儿处于不爱画画的状态。具体表现是：不想画画，不知道画什么，如果想画动物或者花，她必须上网找样子照着画。对自己画的东西都不满意，觉得同学画得都比她好，会自责，会难过，但是不知道怎么能画得更好，她会去找教画画技巧的小视频看，跟着画。

我尝试过从技巧上帮助她，没什么改善，除非她投入很多时间练习，不然不会有她期望的进步。

我学习艺术思维后，女儿陪着我做每次的作业，用艺术思维看画，找到每幅画与自己的联结，关注的不是画里的技巧，而是画让她感动的部分。

最近几周她开始自己有创作的念头了，看到一幅喜欢的画，她会借鉴并加入自己的想法，会把旅行的故事画出来，会把对风景的感觉画出来。技巧虽然并没有提高很多，但是她的画有了生命和灵魂在里面。

她的状态完全改变了。以前去画室说一天好累，不想画了。但是现在到了画室脑子里有了念头马上就不累了，想一直画下去。

本章开始，我们进入一个新的单元，开始学习一个新的思维倾向：探索观点（Exploring&Viewpoints）。这个单元里的思维练习有两个侧重点：第一，我们在表达观点的时候，去意识自己是站在一个什么角度；第二，尽可能多去探索新的视角。

我们常常听到有人说，要多元化、要包容，与此矛盾的是，很多时候我们的观点其实是被限定在了某个角度，而这一点往往被我们下意识地忽略掉了。所以这个单元的内容难度相对会有提升，但却是非常值得练习的。

对于同一件事情、同一个人、同一幅作品，不同时代、不同文化背景的人都会产生不同的观点，如果我们局限在评价这个观点的对错，就会陷入狭隘的判断。但如果我们可以退一步去看，去发现这个观点的产生是基于不同的视角和经验，那么世界上就会有更多的理解和包容，减少无谓的指责和纷争。

这么重要的"探索观点"，要怎么学习呢？我们先从一个叫作"观点圈"的工具开始。

这个思维工具还有一个可爱的昵称，我把它叫作"观点火锅"，因为它看上去真的有点像一个火锅。

我也会继续给大家介绍一位艺术家，被小野洋子歌声吓到的人可以放松一下，这位艺术家不会惊吓到人，反而还有点可爱。

准备好吃火锅了？先来聊聊"观点火锅"——观点圈这个

思维工具。

很多人一定都吃过一种叫作"奔驰火锅"的火锅,火锅的形状像奔驰车的 LOGO:圆形火锅被分为 3 个部分——"观点圈"的造型就是这样,这也是为什么我也叫它"观点火锅"。

我们可以在一张白纸上画一个圆圈,然后均匀分成三部分。当然,如果你不喜欢火锅,也可以想象成将一个比萨切成 3 块,一个生日蛋糕也行!

现在,每个部分的"味道",我们用一个句型来填空:

第一部分:从( )的角度,我想到了( )

第二部分:我想到( )主题,是因为( )

第三部分:从这个角度思考的话,我的问题和更多理由是
( )

面对一个艺术作品、一本书、一件事、一个人,我们其实都可以在完成这三个填空题的过程中整理自己的思路,了解自己是从什么样的角度出发,从而产生了这样的观点,以及保持开放的状态,去持续地提出、发现更多问题。说到底,思维是一个持续的过程,而不是追求迅速找到一个标准答案,然后就停止探索。

如果你觉得这个练习看上去确实有些难度,那是非常正常的。在我的艺术思维课里,我发现很多同学都有这样的困难,经过前面的练习,他们可以看到细节、表达自己的观点,甚至找到证据支持这些观点。但是,对于我们脱口而出的观点和想法背后的角度是什么,却比较少去探究。

在开始练习之前，我想通过一个例子来说明，什么叫作不同角度。

在上一节的内容里，我介绍了小野洋子的表演。对于她的表演，观众给出了很多不同的观点。有人说"这个表演真差劲"，这个评价的角度就是从专业的演唱角度来点评；有人说："真是个前卫的艺术家。"这就是从艺术史的角度来评价她不断打破边界的尝试对当代艺术的贡献；还有人可能说："90 岁了还可以这么自由，真是个楷模。"这就是从女性主义的角度来思考；可能还有其他无数观点……所以说，众口难调。

一旦我们通过这个练习真切地了解到，同一个世界会有无数种看法，每个看法背后都有一个特定的视角，自然而然地，我们就能够更好地理解他人。如果你在很小的时候就有机会尝试这样的练习，那真的是一件非常值得庆幸的事。

现在，我们就开始这个"火锅挑战"：

第一部分

从（　）的角度，我想到了（　）

第二部分

我想到（　）主题，是因为（　）

第三部分

从这个角度思考的话，我的问题和更多理由是（　）

观点火锅

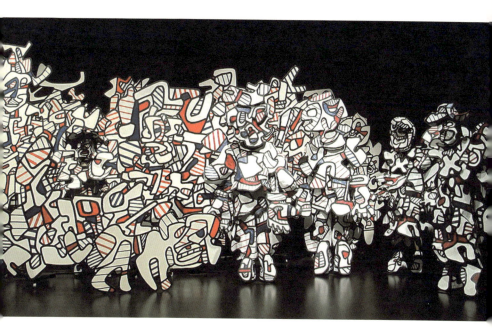

8.1 《乌尔卢普》系列一

用两分钟的时间来仔细看插图 8.1 这个作品，并试着完成填空。同样，你可以和家人朋友相互交流。

这是一位法国艺术家的作品。

当我第一次看到这个作品的时候，对于第一部分，我大概会这样完成：从妈妈的角度，我想到了孩子 5 岁左右的涂鸦。

第二部分，我会写，我想到儿童乐园的主题，因为这些抽象的形状很自在，就像游乐场里的小朋友。

第三部分：从这个角度思考的话，我的疑问是：这是什么材料做的呢？红蓝颜色很像是随便拿不一样的颜料画的，粗细都不同，虽然很奇怪，也不好"看"，但就是看着挺自在的啊。

你的"火锅"里都填了什么料呢？

如果你从小朋友的角度，会不会也想到自己的涂鸦？如果你特别擅长画画，从艺术家的角度，会不会觉得这个画得也太差了吧？如果从奶奶的角度，会不会觉得这个创作简直是浪费材料？再或者，从网红参观者的角度，会想到在这里打卡拍视频带来的流量会不会更多？从 DIY 手工爱好者的角度，会不会好奇这些元素是如何组合而成、结构是怎样的？从艺术家同行的角度，会不会想知道，是先有图纸再制作，做完了再画，还是画好了再组装？

总之，每个人看到同一个作品，都有不同的想法。比如我的一个朋友，我知道她一定很关心的问题是：这个作品值多少钱？通常，说服她关注某个作品很容易，告诉她值多少钱就可以了。

还有，我们每一个人自身就会有很多不同的角度。比如作为妈妈，我想到小朋友小时候的涂鸦；但作为老师，我就会想到，这个作品学生们一定会喜欢，我们有很多相关的、好玩的手工可以一起玩；再有作为一个艺术爱好者，我想到，这位艺术家让·杜布菲对艺术史的进程产生的影响令人钦佩；同为艺术创作者，40 岁才正式开始创作的让·杜布菲给我带来很多启发；同为一个成年人，他内心像孩童一样的简单纯净也令人非常赞叹钦佩。可见，我一个人竟然就有这么多面，你也可以好好继续挖掘一下自己。

这就是"观点火锅"的用法，通过完成这三个填空题，尝试探索不同的观点，这个过程也激发出我们对艺术作品更多更具创造性的理解。

探索不同观点的目的，并不是为了证明观点和角度越多越好，而是这个过程为我们未来进一步的创造性探索带来更多可能性。比如，你甚至可以从这个作品本身的视角来探索：从这个雕塑的角度，我想到这个展览的地方有点无聊；从雕塑的底座的角度，我觉得太不公平，为什么把我踩在脚下。

你还能想到什么有趣的角度？尽可能发挥你的想象。

这个作品的创作者让·杜布菲是一位具有极高影响力的艺术家，倡议非主流的创作方式，在他看来，真正的艺术只能是随机产生的，不受任何观众的影响。这个看似幼稚的作品，却有一个非常厉害的概念，叫作原生艺术。所谓原生艺术，大概可以理解为完全忘掉艺术学院里的一切，从人的最原初的创作状态开始。其实这也正是小朋友们的创作状态，没有犹豫，直接表达。

让·杜布菲 1901 年生于法国，他在 1918 年搬到巴黎，并短暂进入朱利安学院学习艺术。他又是一个没毕业的美术学院学生。在这之后他却一直在家族的酒庄工作，只是偶尔画画，就这样一直到 40 岁。

从 41 岁开始，让·杜布菲开始对艺术认真起来，此后的40 多年都是他的创作高峰，他一直保持着旺盛的创造力。他写诗和理论，演奏爵士乐，还探索了大量的实验艺术创作材料和技巧。

对于为什么一个人突然过了 40 岁就开始做艺术家了，我也一直没有找到具体的线索。想起很多妈妈问过我，我 30 岁、35 岁了还能学画画吗？其实什么时候开始都不晚。

1944 年，让·杜布菲举办了他人生中第一个个展，并一鸣惊人。此后，全球所有最著名的美术馆几乎都展示过他的作品，这个大器晚成的艺术家终于获得了享誉全球的声誉。

让·杜布菲对于艺术的贡献在于，他独创了一种风格，融

8.2 《乌尔卢普》系列二

合了史前艺术、儿童画作、街头涂鸦，而这些与他所处的年代和当时的主流风格相去甚远，需要极大的信心才能够坚持发展出来。

让·杜布菲抗拒正统学院派艺术，他说原生艺术："是从未接触过艺术文化的人所创作的作品，这些艺术家的创作过程与知识分子不同，不存在模仿的行为，他们画的一切都发自内心，并非来自古典艺术的陈腔滥调和现在流行的艺术潮流。"

如果有机会去品味让·杜布菲作品的全貌，你会发现，他从开始正式创作以来就一直在发展新的技巧、尝试各种创作材料，比如他甚至参考传统泥水匠使用的技巧，去创造新的绘画方法。还有一点值得注意的是，他非常强调接受偶然性，也就是拥抱绘画过程中的不确定性。

拥抱不确定性就意味着，没有什么在创作的时候是"画错了"，那只是给出了另一种可能，可以继续"将错就错"地创作下去。很多学画的成年人都有这样那样太多的犹豫，而小朋友则天然有创作原生艺术的洒脱和自由。

我们今天看到的作品就是让·杜布菲《乌尔卢普》系列中的一部分。这个系列的作品来源于 1962 年 7 月的某一天，让·杜布菲在打电话时用圆珠笔随手画出的图案，之后被他发展出一系列作品。在这个系列作品里，他只用红、黑、蓝 3 种颜色来创作，有些是完全抽象的形态，有的则像人体或者动物。

让·杜布菲说，《乌尔卢普》的创作过程带着比以往更为随意和非理性的创作心态。我们看到的插图 8.2 就来自 2008年纽约佩斯画廊的展览现场。让·杜布菲把《乌尔卢普》从画面延展到雕塑，从画廊到城市公共空间，在很多国际化大都市都有这个系列的巨型公共雕塑。

希望经由让·杜布菲的原生艺术，每个大人都可以学会珍视和保护儿童绘画中的自由表达。也给我们勇气像让·杜布菲一样，无论多大年纪都能够通过艺术找回那个天然有趣的内在的小孩儿。

本节重点内容回顾

1. 学习了"观点火锅"的思维练习，回答三个填空题来尝试探寻更多角度。

2. 了解了一位抛弃学院派方法独辟原生艺术蹊径的艺术家让·杜布菲。

3. 打电话过程中，用圆珠笔随便画一画，也可以探索出蜚声国际的艺术品。

亲子创作

原生艺术立体纸雕塑

基于让·杜布菲的作品来做一个
可爱的小手工吧。

————————————— / —————————————

需要用到白纸、铅笔/水性笔、红蓝颜色的水彩笔、卡纸、剪刀和胶棒。这些都是日常使用的材料，建议大家可以收藏在一个盒子里，这样用起来很方便。

1. 想象边打电话边在卡纸上随意画出形状。

2. 把这些随意画出的形状剪下来。

3. 用红、蓝、黄三种颜色涂色，也可以画粗细不等的条纹。

4. 在每个形状两边剪一个很小的切口，试着把它们立体拼插起来，成为一个纸雕塑。

5. 如果不成功，也可以用纸胶带等来辅助。或者做一个浮雕也可以。

6. 想想看，还有什么玩法？有个小朋友曾经用这个设计做了一个手环。

————————————— / —————————————

参考图 8.3—8.6 [艺术思维亲子俱乐部] 的
大、小朋友们的原生艺术亲子创作。

8.3　艺术思维亲子俱乐部作品 -1

8.4　艺术思维亲子俱乐部作品 -2

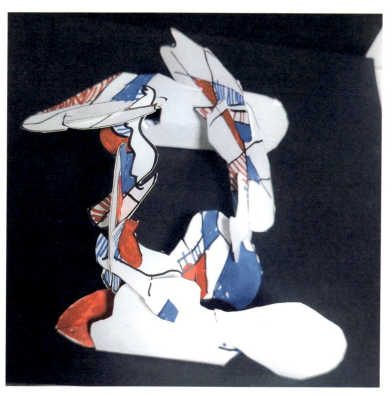

8.5　艺术思维亲子俱乐部作品 -3

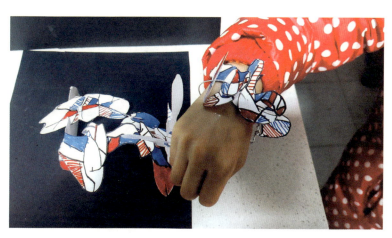

8.6　艺术思维亲子俱乐部作品 -4

09

从她开始，
女艺术家才发出声音

◆

看艺术
朱迪·芝加哥《晚宴》

学思考
思考工具：Step Inside
练习学会分享，比较不同观点

会创作
设计一场女性"晚宴"

@ 盐粒儿
对话和游戏，艺术思维让我更耐心

我反思以前有些时候太没耐心和孩子对话了，艺术思维关于提问的不断练习，给了我很好陪伴孩子的方式和方法，对话越来越有趣。

记录一段和女儿的对话：

问：你觉得狐狸喜欢的月亮的味道是什么？答：是老鼠的味道。

问：狮子呢？答：是妈妈的味道（现实主义）。

问：那你觉得月亮什么味？答：是天空味。

问：天空什么味？答：黑色的，蓝黑色的味道。

问：蓝黑色是颜色，不是味道呀？答：哦，是蓝莓的味道。

我特别感慨的是，当她回答天空的味道，我以为她糊弄我呢，如果不继续追问，就失去了看到孩子内心的机会，反而有了臆断。对话和游戏是艺术思维给我的启发。

9.1　朱迪·芝加哥

　　今天这一章，我要预告一下——前方高能，做好被震撼的准备！

　　我们即将学习一个新的思维练习叫作 Step Inside（走进去）。着重练习的是体验从各种不同的角度来看待一件作品，这对于我们多维度来理解一件事情、一个作品是非常有帮助的。

　　这一章介绍的艺术家，可以说非常"重磅"，是我认为无论你爱她恨她，所有人必须了解的一位艺术家——朱迪·芝加哥，她就像一面旗帜一样激发了许多人，是当之无愧的一位当代女英雄。

这里有一张朱迪·芝加哥的照片（图 9.1），你可以看到这个桀骜不驯的艺术家，记住她的面庞，因为正是从她开始，艺术史上出现了一个新词——女性主义。

在很长一段时间里，女性在艺术领域以及社会的方方面面没有平等的权利，比如我们看到的艺术史书籍里面几乎就没有女艺术家的名字出现。朱迪·芝加哥从 1969 年开始就在加州大学弗雷斯诺分校开办了第一个女性艺术课程。她的很多作品也引起极大的震动，由此，女性主义运动在全世界如火如荼地开展起来。直到今天，依然是有人支持，也有人谈虎色变。

这张照片背后就是朱迪·芝加哥的史诗级作品《晚宴》，没错，就是晚宴。当然不是真的做了一顿盛宴，而是按照一场盛宴的方式来做的装置艺术。

在一个三角形的桌子上面摆放了 39 套餐布和餐具，每一套都是专门设计和手工制作的，这是为 39 位西方神话历史中的著名女性预留的座位，包括美国废奴主义倡导者索杰纳·特鲁斯，女性主义作家弗吉尼亚·伍尔芙，争取美国女性投票权的苏珊·安东尼，以及被称为美国现代艺术之母的乔治亚·欧姬芙等。

跑个题，如果让你给出一个了不起的女性名单，你又会把谁的名字写在上面？

现在来仔细看看这场晚宴的细节。见图 9.2—9.3《晚宴》。

晚宴尚未开始，也没有宾客入座。受邀的宾客名字早已经

9.2 《晚宴》布鲁克林美术馆

9.3.1 《晚宴》局部之一

9.3.2 《晚宴》局部之二

被烧制在餐盘上，并用金线和银线镶嵌在精细的织品上，晚宴的巨大三角餐桌铺着大幅白色桌布。有观众说，比起晚宴，这里的陈设更像一座神坛，而观众倒像是不请自来的不速之客。

值得注意的是，大型餐桌上的每一套餐具都是根据宾客量身定做的独一无二的设计，在每组餐具的中央是一个精美的手绘直径 35.56 厘米的瓷盘，每个盘子周围都有一个金色的圣杯、一套有光泽的陶瓷餐具和一张金色刺绣餐巾。

现在，我们来试试这一节的思维练习。Step Inside，如果一定要翻译成中文，大概就是"走进去"，也就是试着用不同的角度去看待一件作品。

比如，可以试着想象不同的人在看到这件作品的时候可能有什么想法？

你在第一次看到这个作品的时候有什么想法？会想到女性主义？还是想到一场看上去很豪华的宴会现场？有没有注意到现实中不可能出现的细节？

比如，作为一位女性，中国的、西方的、年轻的、年长的，有可能有什么不同的态度？

作为一位男性，中国的、西方的、年轻的、年长的，他们看待这件作品又可能有什么不同的反应？

再进一步，还可能有什么角度，来产生不同的观点？

对我而言，我会想到，我的很多男性亲戚一定会一边撇嘴一边摇头："这是啥玩意啊。"即便我讲给他们听，他们也会觉得这是瞎胡闹。而很多和我学画画的妈妈一定都会慨叹，这就是一场女性主义者的盛宴，我们东亚的女性也应该这样大声呐喊。

我会想到我小时候参加的家族聚会，那时候的女性，我的姑姑婶婶们都是在厨房忙活，是不上桌的，女性是晚宴的工作者而不是晚宴的参与者。而在我小的时候，如果被告知不能第一批上桌和大人一起吃饭，我是会哭闹抗议的，由此也得到了一个特权。现在才知道，我那时候就是女性主义的抗争啊。

除了不同的人，如果从作品里一个物品的角度，比如想象你是那个杯子，在那个位置摆放，你又会看见什么？产生什么想法？

如果你是白色的桌布、盘子、餐布、餐具，任何事物，你可能听到、看到、感受到的是什么？

Step Inside，这个练习几乎适用于任何作品，我们可以任意去想象不同角度的人和事物，无论处于作品当中还是作品之外的，对于作品可能有什么样的感知。以及如果你是这个人或者这个事物，你可能想知道的、你相信的又是什么。

你现在就可以试着和你身边的家人朋友，每个人选择走进不同的角色，来探索不一样角度的观点。这里有几个角度供参考：

1. 展品本身的角度，比如作为一只杯子、一个盘子、一块餐布上的绣花。

2. 展厅中的物品，比如一盏灯、一扇门等。

3. 一个和你完全不一样的人物，比如，如果你是小姑娘，那么就选择一个成年男性或大叔的角色；如果你是个小男孩，就假装是个阿姨；如果你是位妈妈，那就试试小男孩的角度。

我来说说我的练习：如果我是一个杯子，从 2007 年开始在布鲁克林美术馆永久展出，我应该能看到这么多年来，人们对于这件作品的看法从充满争议到越来越理解和支持，就像女性主义发展虽然缓慢，但持续在推动社会的进步。

艺术思维练习模板　　**Step Inside**	
我是	我的想法 / 感受是
一块餐布	
展厅的灯	
地面	
……	

* 所有的 Step Inside 的 "角色" 可以自己任意设定

　　我作为展品的一部分应该还会想到，如果有机会去中国展出，可以听到更多中国观众的想法就更有趣了。

　　Step Inside 这个看似天马行空的练习究竟在鼓励什么样的思维呢？

　　它帮助我们尝试想象和探索对待事物的不同观点，这些不同角度的探索，可以帮助我们对事情有更加创造性的理解。而正是这些探索不同观点的过程为我们创造力的发展提供了可能。

　　很多父母经常会问我："为什么孩子不知道画什么，不知道怎么画？"或者上学的小朋友会觉得不知道作文写什么，写了也没什么话说。如果你有 Step inside 这个走进不同角度、不同角色的习惯，就会发现一件事情的多元丰富的程度是超乎想象的，怎么会不知道画什么，怎么可能无话可写呢。

我曾经在一期艺术思维课程中和很多妈妈尝试了这个练习，那一次我们一起看了一张老新闻图片，是关于一个反战、和平抗议的女生和美国国民警卫队对峙的。结果，大家不仅找到了女性的角度、妈妈的角度、士兵的角度，更找到了衣服的角度、刀尖的角度、手上的戒指的角度、当时的空气的角度……让一个事实已经非常清楚的新闻图片突然生出了许多不同的角度，解读更加丰满，更加全面。

由此可见，这个练习对于探索观点真的太实用了，每一段文字、每一个画面都可以随时用来进行多角度探索观点的练习。相信我，一旦这成为你的思维习惯，你将成为一个胸怀开阔、极具同理心的且了不起的人。

《晚宴》这个作品 1979 年在旧金山现代艺术馆第一次展出即引起轰动，后来在世界各地都有过巡回展出的经历，2007 年开始在纽约布鲁克林美术馆永久展出。

它被认为是一个史诗级的作品，这个巨大作品的完成历时 6 年，凝结了 400 位志愿者的辛勤劳动。这些志愿者因为高度认同艺术家的理念和价值观，愿意只领很低的薪水甚至免费参与工作。

你知道这里的 39 位参加晚宴的女性宾客名单是如何出炉的吗？在志愿者当中有很多艺术史和文化学者，大家进行了很多次田野调查，最初列出了一个 3000 多人的名单，然后大家最终投票选出了 39 位进入晚宴的宾客名单，并为每个人制作代表她们特点的餐具和装饰。

在 400 人的志愿者中，很多人掌握着不同的技能，比如手工陶瓷、编织、图腾绘制等等。在《晚宴》这个巨型装置作品完成之后的很多年，才终于有一个叫作《晚宴的炼成》的展览，把这些在背后付出了辛苦劳作的志愿者纳入展览，还原了这个史诗巨作如何完成的过程。

和朱迪·芝加哥一直以来受到的争议一样，这件作品在享有盛名的同时也一直受到争议，比如志愿者们的付出被质疑是不是一场被剥削；比如 39 位晚宴宾客当中只有一位黑人女性等。

不过以朱迪·芝加哥一贯的个性，所有的争议对她来说都不在话下。这个骨子里的艺术家不会因为别人说她过激、叛逆、就削掉自己的棱角。

在朱迪·芝加哥小时候，她的爸爸作为工会成员就经常在家里组织会议，耳濡目染的她对于社会议题、社会运动充满关注，对于表达观点、争取权利也是融入了 DNA 里。她从 8 岁的时候就参加了芝加哥艺术博物馆的一个儿童教育项目，此后每个周末自己坐公交车去美术馆上艺术课，直到高中毕业。

很多年之后，朱迪·芝加哥回忆起这段在美术馆里学艺术的经历，她说，每次课程结束她就在美术馆里闲逛，那些艺术史里的内容就立体地呈现在她的眼前，艺术就这样成为她的一部分。

很多年前我在芝加哥住过几年，芝加哥艺术博物馆是我每周都去的地方。这个美术馆因为连接着芝加哥艺术学院，规模刚刚好，不会像大都会艺术博物馆那样让人三天三夜走不完，收藏又极其完整精彩，走在里面就如同走在一本质量颇具保障的艺术史教科书里的感觉。

对于"朱迪·芝加哥"这个名字，很多人会好奇，怎么会有人姓"芝加哥"这个城市的名字呢？众所周知，在美国女性出嫁之后大多数会随丈夫的姓氏，而朱迪·芝加哥在第一任丈夫去世之后再婚的时候，决定不再改用丈夫的姓氏，而改用了她成长的城市"芝加哥"作为自己的姓氏，这也就是她名字的由来。

有个性、不听话、不被规训，大概是朱迪·芝加哥艺术成就的最大推动力。

本节重点内容回顾

1. 了解了艺术家朱迪·芝加哥的史诗级装置作品《晚宴》。

2. 尝试了 Step Inside 这个思维练习，用不同的角色和角度探索观点。

3. 女性主义虽然走过了这么多年，但是为女性争取平等权利还任重而道远。

设计一场女性 "晚宴"

———————————— / ————————————

——讨论一个你最钦佩的女性清单，家庭成员、朋友、
　邻居都可以，然后讨论、缩减至 3~5 个。
——为每一位清单上的女性设计一套餐具，包括盘子、
　杯子、筷子、餐布等。
——有余力的话可以把每套设计剪下来，摆放布置成
　一场晚宴现场。

———————————— / ————————————

10

在照片上乱写乱画

◆

看艺术
诗琳·娜夏特《无言》

学思考
思考工具：深入细节 Zoom In
层层递进，不断探索和发现

会创作
一张照片的再创作

@ 翠青
推荐指数 100 颗星，真正的艺术课

亚楠老师的艺术思维亲子课，推荐指数恨不得 100 颗星，真正践行 Artful Thinking 。

每一次娃的创造力和想象力都被无限激发，家里的棉签、围棋、瓶盖、扣子、用不着的废丝带都派上了用场，第二天要早起上学都不忍打断他。

给娃试听过好多家艺术课，只有一种感觉：不如不上！

亚楠老师的课才是我想要的真正的艺术课。

如果你已经阅读了前面的内容，又按照提示体验了思维工具的练习，相信我，你已经不知不觉在成为一名独立思考者的路上走了很远一程啦！恭喜大家！

本章内容我们继续进行"探索观点"这个单元的学习。我们要一起尝试使用的新的思维工具叫作 Zoom In，在摄影里面就是"放大"的意思。在触摸屏普及的年代，很多人都养成了用手指去放大和缩小画面的习惯，这已经成了很自然的一件事。

Zoom In 这个工具和平时用触摸屏不太一样，它的目的是帮助我们从不同的层面来观察一件艺术作品，并且随着这个进程，去发现我们的想法是如何产生变化的，以及我们如何对一个作品产生更深入的理解。

这一节艺术思维练习的作品出自我这些年特别推崇的一位女艺术家——来自伊朗的视觉艺术家诗琳·娜夏特。这位风格独具的艺术家的创作以摄影、电影、影像艺术为主。了解她的作品，可以大大弥补这个文化背景下我们所缺少的当代艺术经验，非常有启发。

关于 Zoom In 这个练习，我会将一个作品分成 3 张图片来展示，从局部到整体。请大家不要急着看完整的图片。每张图片都有相应需要思考的问题，一定记得要慢下来，边看边思考，才能发现、探索出更多的想法，思维才能得到拓展。

现在就请和你学习的伙伴，一起看插图中的第一张图片

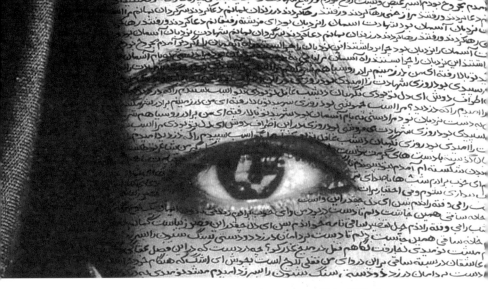

10.1　无言 -1

10.1，同时请记下你在慢看这张图片时需要回答的两个问题：

问题 1: 你看到了或注意到了画面上的什么？

问题 2: 基于你看到的，你的假设或者解释是什么？

记住一定不要偷看后面的图片，因为后面还有其他的问题等着你回答。

我给艺术思维亲子俱乐部的大小朋友们看过这个摄影作品，很多人看了第一眼，就脱口而出说，看到了眼睛；还有人说看到了好多文字，感觉是阿拉伯文，但不确定；还有人想放大看眼球上反射的影子，但是看不清，感觉应该是摄影师的身影。

有人看到这个眼睛会觉得，眼睛的主人不是一个很开心的人，大多数人都认为这是一位女性的眼睛，而且感觉不是亚洲人，因为眉毛特别浓密，还有就是这些文字让人联想到中东人或者阿拉伯人。

在照片上乱写乱画

10.2　无言 -2

你也可以和你的家庭成员或伙伴交流一下想法。

然后，我们继续用思维工具 Zoom In 进一步观察和思考第二幅图片，见图 10.2。开始之前，还是请大家先记下问题：

问题 1：你看到了什么新的内容？

问题 2：这些新的内容是否改变了你之前的想法？

问题 3：新的信息是否回答了你之前对作品的疑问？

问题 4：你是否产生了新的问题？

在看到第二张图片的时候，大家几乎都会确认这张图片上一定是一位女士，她似乎包着头巾，或是倚在什么针织物上，还露出一个耳环。也有人说这个耳环看着不好看，有点怪。

关于这位女士的情绪大家并没有改变之前的想法——不开心。她凝视前方，非常沉重的感觉，平静之下，她的目光似乎

10.3 无言 -3

看穿了对面的人，看向遥远的地方，不知道是摄影师要求她这样做的吗？

此时你的疑问可能更多了：很想知道她是谁？在什么情况下拍了这些照片，为什么会有这么多的字写在脸上，到底是什么意思呢？

不要急，完整的照片我们马上就可以看到。

在看第三幅图片的时候，请大家继续回答以下问题：

1. 看到了哪些更多的新内容？

2. 这些新的信息让你有了什么新的关于对作品的解读吗？

3. 看了完整的作品画面，经过了这么多仔细的观察和分析，你是否还有什么挥之不去的问题想问呢？

现在就揭开作品的面纱，看插图 10.3，然后再思考一下。

现在你看到了作品上主人公的面孔，是长相挺好看的一位女性，除了阴郁的眼神，还能看到倔强的嘴角，面部写满我们读不出的文字，黑白照片上还是能看到她的头发被遮住，包裹着头巾。还有个看似耳环的物品也完整呈现，但是当我们仔细凝视的时候会突然惊觉：这不是耳环，这分明是个黑洞洞的枪管！

这个女人是谁？为什么会用武器？是用来攻击还是自卫？她的表情好像不仅是悲伤、忧郁，似乎还有一点仇恨？她是哪个国家的人？她在想什么？

估计你还有更多的问题要问，毕竟这是一张非常有视觉冲击力的作品。

我们今天用到的这个叫作"放大"的思维工具，要求我们在每个阶段去密切关注细节，并进行推理。看一个作品就像我们初步了解一件事情，认识和接触一个人的经验也同样如此。

每一个阶段我们只了解一个局部，从而产生一些想法和观点；然后随着获得更多的信息，我们的想法相应改变，有些问题被解答，也会再次产生一些新的疑问。Zoom In 带我们体验了人的想法通过探索不断改变、不断调整的过程，它提醒我们思维是一个过程，思想可以根据新的理解而改变。

接下来就要给大家隆重介绍今天这个略带神秘色彩的作品的作者，这位艺术家叫作诗琳·娜夏特，她是来自伊朗的女艺术家。我们看到的这个作品的名字叫作《无言》（*Speechless*），是诗琳·娜夏特通过在自己的摄影作品上写下波斯文字的方式创作的。

这些作品出自一个完整的系列《真主的女人》。这个系列的作品里都有 4 个主要的象征元素：女性的目光、图像上密密麻麻的文字、面纱和各自使用的武器。

这个系列作品中的女性似乎被她们的宗教剥夺了权利，但尽管面临多年的政治和社会迫害，这个系列作品中的女性还是透露着坚强、强大和英勇。

诗琳·娜夏特，1957 年出生于伊朗的一个知识分子家庭，父亲是一名医生，在宗教氛围浓郁的国度里，她这一家子的思想非常开放。受家庭环境影响，1974 年，17 岁的诗琳·娜夏特来到美国学习艺术专业。

5 年之后，1979 年伊朗的"伊斯兰革命"导致她与家人失去联系，近 20 年没能回到伊朗。

直到她的孩子出生之后，30 多岁的她才第一次有机会短暂返回伊朗。而正是这一次的探亲，让她看到妇女们是如何彻底丧失了她们所应有的社会生活权利。处于社会最下层的妇女们无从表达她们的思想。

在这里需要给大家简单普及一下历史，我们现在印象中的伊朗是一个特别封闭保守的国家，但其实在所谓的伊斯兰革命之前，伊朗社会是比较开放包容的，至少当时的女性可以自由选择穿什么衣服出门，可以接受教育，也不会有宗教警察来专门监督女性头巾包得是否标准，是不是有头发露了出来。更不会以这个原因把人逮捕起来，毕竟是否遵守某一种教义，还是个人的自由。

正是这一次的"探亲"让诗琳·娜夏特目睹了女性所面对的不公，于是她开始了更为密集的创作，希望大家能够看到伊朗女性的生存现状。而正是因为她的创作，伊朗政府再一次禁止她回到伊朗。

娜夏特在创作中集中探讨社会现实问题，压迫、权力、性别、死亡和殉难等都是她主要关注的对象。可能你会觉得她的照片并不美，但是却有着吸引你去凝视的巨大吸引力。

在这么多严肃主题的创作中，诗琳·娜夏特经常会选用古典文本来表现，比如她喜欢用诗意的语言，使用诗句、暗喻，来写在照片人物的身上。有人说这与伊朗人面对审查的生活方式有关，毕竟一个什么都不敢说的国度，只能用其他貌似不相关的字眼来迂回表达。

有趣的是，我认为，即便不认识这些波斯文字，对于作品的感觉似乎一点都不会减少。毕竟那些文字并非作品主题的直接阐述，主角的眼神已经说明了一切。

诗琳·娜夏特在加州大学伯克利分校获得艺术博士学位之后，并没有从事艺术家的工作。她和她的先生一起在纽约经营一个画廊项目。但自从她开始创作之后，就一发而不可收，从摄影到短片拍摄，再到电影长片拍摄，她不断尝试新的形式。

我几乎看过网络上可以找到的所有关于她的采访，她真的是一个超级有魅力和毅力的艺术家。诗琳·娜夏特不断尝试新的媒介，因为她很担心自己会被某一种形式限制住。同时，她在经营艺术空间的 10 年当中认识了很多艺术家、作家、建筑师等，这些经历成为她丰富自己艺术探索的丰厚积累。

她似乎有一种天然的学习方式，能够快速掌握一种艺术语言。她也凭借自己的魅力吸引很多优秀的人和她一起工作。诗琳·娜夏特作为电影导演获得了包括金狮奖在内的许多国际奖项。可惜的是，她的电影我们在国内并没有机会看到。

2022 年，一位年轻的伊朗女性玛莎阿米尼因为没有"正确佩戴围巾"而被"道德警察"逮捕并在拘留期间死亡，引发了伊朗全国乃至全球持续的抗议活动。

如果你觉得一个作品里不应该有武器，或者太沉重、不够美，我想用这个旧闻来作为提醒：关注和回应现实永远是一个艺术家的本能。而对于自己同胞女性的生活状态，只有持续关注和发声，才有改变的可能。

希望每一个女性都可以有机会表达自己，按照自己希望的方式生活。

本节重点内容回顾

1. 欣赏了诗琳·娜夏特的作品《无言》，来自《真主的女人》系列。

2. 学习了 Zoom In（放大）这个思维工具，来感受我们的想法如何变化和发展。

3. 艺术家回应现实议题，艺术是最有力的武器。

亲子创作

一张照片的再创作

你可以用本节介绍的摄影作品，
也可以另外准备一张摄影作品，风景、人物都可以。
我们试着基于照片来再创作。

需要准备胶棒、一张卡纸、水彩笔若干。

01

把一张普通照片贴在卡纸／普通白纸的中央。

02

用 Zoom In 第一步好好看看照片，再想象一下照片之外还可能有什么。

03

手工放大开始，用彩笔在照片之外的空白处画画，可以是基于照片的内容延伸，也可以尽情想象镜头之外可能发生什么。

参考图 10.4—10.5 我和悠然基于
娜夏特《无言》的"手工放大"创作。

10.4 手工放大 by 亚楠

10.5 手工放大 by 悠然

11

重新命名

看艺术
蔡国强《天梯》（火药艺术）

学思考
思考工具：大字标题（Headlines）
提炼想法，发现和确认重要性

会创作
做一个不被允许的创作

@ 怡君
艺术的力量不可预测

悄无声息的艺术力。

艺术思维课，改变的是孩子对艺术的态度，艺术有一点顽皮，但是力量是不可预测的。

关于"探索观点"，并不是追问一个确定的中心思想，这一章里有一个简单又实用的思考工具介绍给你，还有一位绝对不可错过的当代最有世界影响力的中国艺术家。

首先，我们一起来学习一个新的思考工具——大字标题（Headlines）。

在面对一件艺术作品的时候，如果我们还不太了解，经常会脱口而出一个问题：这个作品叫什么？然后就会去找标签，想看到一个官方的名字说明。似乎确定了作品的标题，就了解这个作品。

相信通过前面的学习，你已经能够明白，在艺术思维的学习里，一个作品的名字不是最关键的，关键的是我们面对作品的时候，被引发了哪些想法。大字标题（Headlines）这个练习的主旨就是我们作为学习者，作为作品的欣赏者，来为一件艺术品设计一个标题，以此为基础尝试着抓住作品的重要方面。

我们并不需要担心如果给作品起了一个新的标题和名字，作为创作者的艺术家会不会不高兴。对于艺术家而言，一个作品被完成之后，它就已经成为独立的个体。

艺术家和我们，就是编码人和解码人的关系，而他的作品就是我们之间的联系。

艺术家作为创作者，用颜色、线条、材料把自己的感受编码成为一个作品，而我们作为解码人当然可以按照自己的理解来解读，包括起个新名字。这样的解读不是误解，每个人不同的解读和命名，都给这个作品赋予了新的内涵。

比如，很多艺术作品的名字是"无题"，是艺术家不会起名字吗？当然不是。是艺术家不希望用一个特别具象的名字，或是某一个词来限定了观众的想法。

所以，我们可以尽可能地根据自己的理解和感受，来大胆地给作品命名，提出一个"大字标题"。

艺术家的生命会消逝，但我们每个人对作品的解读让这个作品的生命越来越丰富，想想看，这是一件多么激动人心的事情：你也在某种程度上成为作品的一部分。

这几个单元里我们都在练习探索观点，或许有时候我们的观点不是太少，而是太多。大字标题（Headlines）的思维练习能够鼓励我们识别和澄清重要的想法。

毕竟我们脑袋里每秒钟都有许多想法冒出来，在面对一个作品的时候，可能很多感受同时存在，如何把最重要的提炼出来？命名的过程就是我们挖掘自己想法的过程。

当然，在做这个练习的时候也不要压力太大，思维就是一个过程，挖掘出自己真实的想法才更重要。

我们先尝试来看一看第一幅图片，安静地看 1 分钟，可以用你在第一单元学到的任何一个慢看的方式去逐渐深入地观看。比如 See Think Wonder、CSL、精细游戏等。

你可以用任何一个观察与描述的思维练习来看和记录，重要的是在提出新的标题之前要有一个慢看的过程，真的有观察有体会后，再来重新命名。

在图 11.1 里你看到了什么？想到了什么？有什么问题？

11.1

艺术思维练习模板

观察 S	思考 T	提问 W

具象地看，画面似乎是一片朦胧的风景，有几株松树错落有致地排列，但画者似乎并不着力把画面画得精细。

我给很多学生看过这幅作品，有人说想到了我们一起欣赏过的中国水墨，但不太确定这一幅为什么有些奇怪的感觉，比如，传统松枝的画法在这里都消失了，只有喷溅出的一些点点滴滴来替代；至于画面的颜色，虽然我们看过的很多画都因为岁月的磨砺而褪色，却从未看过褪成这个样子的。总之这是一幅看似熟悉，但却有许多疑问的画面。

如果命名，你又会怎样命名呢？学过中国画的学生很自然地会命名为类似《松石图》的名字，你和家人、朋友们有什么新标题呢？

关于这幅作品如果你了解了更多，恐怕就不会给它这么一个岁月静好的命名。

在这里我有必要普及一下这幅作品的创作者——艺术家蔡国强。这位艺术家以用火药作画而闻名，大概可以算得上目前在世中国艺术家当中最有影响力的一位。

我们看到的这幅作品是在美国克利夫兰美术馆展出的现场照片，作品虽然看似有一点中国画的意境，但材料却大相径庭。你一定想象不到，这幅画的材料是火药，艺术家用工具蘸取火药粉末画出画面，然后点爆火药，燃烧之后形成这样的画面。因为选取的火药不同，松枝部分爆炸留下的发散形状真的好似松枝片片。

重新命名、提炼大字标题的意义在于，我们会把对我们认为最重要的内容以命名的方式提出来。当然随着我们对一个作品的了解得深入，命名是可以调整的，我们的命名和艺术家不同也并没有关系。比如蔡国强这幅作品官方的名字是《松树与狼》（*Pine Tree and Wolf*），狼也是艺术家在很多作品中用到的一个意象，但是在这里你有看到吗？

感兴趣的话可以反复去看一看这幅画面。

大字标题这个思维练习易于上手，老少皆宜。这个练习一方面很简单：每个人似乎都可以很快地脱口而出一个名称或题目；另一方面其实又很不简单，触及了很关键的能力：如何去用简要的语言概括出一个言简意赅又直抵核心的主题。

这个思维练习通常适用于在对一幅艺术作品的讨论进行了一段时间之后。在讨论即将结束的时候，我们可以通过重新命名来进一步提炼想法。即便是更加复杂的主题或讨论，也可以用这个方法。或许我们给出的命名无法达到最理想的目标，但就像我一直说的，思维是一个过程，这个练习会帮助我们在探索观点的过程中更好地厘清思路。

所以，当你再见到一幅作品的时候，细细慢慢地看，多元地探索观点，最后不妨给它起个合你心意的新名字。

本章提到的艺术家蔡国强，是一个蜚声国际，离经叛道的艺术家。他的艺术作品横跨表演艺术、美术绘画、装置艺术等数种媒材，他凭借着充沛的艺术感染力和强悍的视觉冲击力，在不同文化中自由往来，不断进行艺术冒险。

他在世界上许多重要城市、大型的庆典上都做过他的巨型火药爆破艺术表演。网飞还专门拍摄过一部关于他的纪录片——《天梯》，也是我特别想介绍给大家的一部作品。这部作品最能揭示创作者所有创作的动力和源泉从何而来。

蔡国强 1957 年出生于福建泉州，他的第一部火药爆破作品也在泉州实现。

他小的时候和奶奶一起长大，他的信手涂鸦总是得到奶奶的赞美，从而大大激发了他在绘画上的自信。后来上学之后，他在学校画黑板报，他的家人也都特别支持他的创作，于是他从黑板报到临摹石膏、油画，一步步地开启了艺术探索的道路。家里人还单独辟出屋子给他做画室，慢慢地开始鼓捣起火药作为创作材料。

当邻居们受到爆破的干扰纷纷投诉的时候，他的家人依然支持他。奶奶并没有抱怨，而是挨家挨户地去道歉。

"炸画"的火药用量很不好控制，爆破的威力也就很难掌握。开始的时候，蔡国强经常一不小心爆破"夸张"了一些，火光散去，画布也同时变成了灰烬。用火药"炸画"也存在着很大的安全隐患，但他的家人依然没有禁止。奶奶告诉蔡国强，点火药可以，但会点就要会灭，人人都会点，只有知道怎么去灭才是真正的艺术家。

奶奶的话对蔡国强的影响非常大，为了实践这个充满挑战的创作方式，他在早期探索的过程中吃了很多苦，经历了很多失败。

他一直痴心于火药炸画的创作，但由于想法过于超前，周围嘲笑和不理解的声音太多了，于是他去了日本留学，继续探索自己的创作方向。很快，当他在日本参加展览之后，有媒体登门报道，他也一举成名，成为"火药艺术家"。

随后，他陆续在中国的北京、上海和美国的纽约、威尼斯以及日本参展和表演，全世界都知道了他是最会玩火药的人，自小的梦想终于实现了。可是在他的心里依然有一件重要的作品没有完成，就是《天梯》。

他曾经给奶奶许诺过要让奶奶亲眼看到自己的作品，而这个作品他只献给奶奶一个人。

11.2　《天梯》

　　走南闯北的蔡国强曾经在耶路撒冷听到一个天梯传说，说上帝会往人世间降下天梯，让已故的人可以顺着天梯直接去往天堂。

　　于是他就有了给奶奶造一个可以直达宇宙的天梯的想法。1994 年他便开始了尝试，他要造一条 500 米高，每一节阶梯都长达 5.5 米的天梯，天梯填充火药后用热气球升上天空。

　　他的第一次尝试选在了英国，计划还获得了当地航天局的许可，但由于当时天气的原因没有成功。

　　2001 年，他在上海筹备天梯项目，却因为种种原因再次搁浅。2012 年，他在美国洛杉矶的测试也失败了，因为野火风险，项目在当地被取消了许可。

　　前后尝试了 21 年，天梯计划都没成功，而奶奶年事已高，无法再等更久了。

　　最终，蔡国强把天梯计划选在了家乡泉州。2015 年 6 月 15 日，他终于升起了天梯。纪录片里，蔡国强用手机和奶奶视频连线，给她看身后随着火药爆破一节节攀升到天空的天梯。

《天梯》现场照片，见图 11.2。

500 米的天梯，在夜幕中直升云霄。他的奶奶在作品完成不久就过世了。

艺术家的诞生，绝不仅仅是天赋使然，成长的环境也会影响这个过程。对于蔡国强来说，家人和家乡是他必不可缺的一部分。从小奶奶就给蔡国强起到了很大的引导作用，不论是最开始对他随手涂鸦的激励，还是对开始画画的他进行支持。更重要的是对于他独特绘画创作的无条件支持，他奶奶对艺术的理解充满智慧和洞察力。

我们作为观众，总是看到艺术家最光鲜的一面，而蔡国强一路走来的艰辛和坚忍外人是无法体会的。对于艺术家来说，总有一个精神的支撑点，带给他们力量去抵抗一切干扰的声音。你坚强的内核又来自哪里呢？是否也有这样一个人在无条件地支持你？

本节重点内容回顾

1.我们学习了一个简单易用的思维练习，大字标题（Headlines），为你仔细观察过的作品起个新名字。

2. 我们了解了火药艺术家蔡国强和他坚持了 21 年才完成的作品《天梯》。

3. 艺术家除了天赋，家人无条件的支持也是成长的动力源泉。

重新命名

亲子创作

做一个不被允许的创作

火药当然并不适合小朋友们玩，但是我们的确可以尝试着用火画画！

 需要准备棉签、白醋、白纸、蜡烛。

——用棉签蘸着白醋，在纸上画画。
——点燃蜡烛，把白纸在蜡烛火焰上烘烤。
——隐形画面现身，然后可以根据你的想法继续创作。
——注意安全，不要把纸点燃！

参考图11.3艺术研习营学员天天正在烘烤他的画面，要端稳了均匀地烤才行。

11.3 用火创作

思维能力四

Comparing
Connecting
&比较与
联系

12

原来艺术家
也是工具人

◆

看艺术

托尼·奥里科《1:1 圆圈》表演绘画

学思考

思考工具：I used to think, Now I think
思考新旧观点之间的关联性，
并拓展新的想法

会创作

身体工具绘画

@Ying
带着艺术思维去旅行

16 岁的儿子喜欢日本文化和历史。我们去了东京、镰仓、京都、奈良、大阪 5 个历史古都。儿子参与了景点和餐厅的选择。我使用了一点艺术思维工具，让每天的走马观花里多了一些每个人主动的观察和思考，每天傍晚的体验感分享都很丰富。各种因素综合在一起,这是我们全家至今为止最美好的一次旅行。

旅行前：
1. 我了解的日本我想……
2. 观察的日本。
3. 关于日本我的问题是……

旅行中：
1. 今天我注意到……，我觉得……，因为……
2. 今天我最喜欢的是……，因为……
3. 今天我最不喜欢的是……，因为……
4. 我以前以为……，现在我认为……
5. 今天你看到了……让你联想到中国的……
6. 我今天的问题是……

旅行后：
1. 我现在对日本有了更多的了解，比如……
2. 我观察到的日本是……
3. 旅行前和旅行中我关于日本的问题，我找到了答案……/ 没有找到答案……
4. 我对日本还有问题……
5. 如果我再来日本，我要……

12.1 《1:1 圆圈》

从这一章开始，我们进入第四单元"比较与联系"的学习。通过三章的内容来探讨：如何通过不同的思维练习，来发现思考是动态和变化的，以及如何捕捉和识别到这些变化。

这一章介绍的艺术家的创作方法，绝对是你闻所未闻的。如果你能按照这位艺术家的方法来尝试创作，一定会带给你难忘的身心体验。

我们还是一起先来看一幅作品，可以和你身边的家人、朋友讨论一下，关于这个作品，你有什么想法；你还可以描述一下，你认为这个作品是如何完成的，以及你认为需要什么工具来完成，见图12.1。

我第一次给我的学生们看这个艺术家作品的时候，大家的第一反应都是：这是没画完的画吧？看上去应该是铅笔或是炭条画的；具体看不出画的什么，但是还挺整齐、挺圆的；和我们在学校里看到的素描又不太一样。

至于具体用到了什么工具，很多大孩子都会说应该是用了圆规、尺子等辅助工具。

这个作品是一位叫托尼·奥里科（Tony Orrico）的艺术家的作品，他的创作方法非常特别，的确用到了工具，这个工具就是他的身体，可以说是妥妥的一个"工具人"。

比如我们看到的这个作品，叫作《1:1 圆圈》，为了保证画面的圆圈够圆，他用到了"工具"来丈量。具体测量的方法是，他手拿石墨，伸展双臂，以胸部做圆心，在旋转身体的同

12.2 创作现场 -1

12.3 创作现场 -2

时，像游泳一样均匀滑动双手，由此在巨大的画布上留下一道道痕迹，形成一个完美的圆圈，见图 12.2 和 12.3 创作现场。

这种画法，听起来是不是非常震撼？别急，稍后你也可以这样试试看，还是相当有难度的。

如果让你给这样的创作方式起个名字，你会怎么命名呢？你觉得艺术家是在画画，还是在表演，或者是在舞动？

在通常的介绍当中，托尼·奥里科被认为是一位视觉艺术家、表演者和编舞家。

他利用早年的舞者经验，创造了自己独特的"耐力画"风格。这个叫作"彭瓦尔德素描"的系列作品已在世界上许多美术馆展示和展出过，受到很多著名收藏家和机构的关注。

通常他不仅展出已经完成的作品，而且会在美术馆现场直接创作。创作一幅作品需要几个小时，甚至十几个小时的持续创作才能完成。可见，奥里科绝对是一个实打实不偷懒的艺术家，就是对自己也有点太狠了。

这位托尼做这些可不是为了博眼球，奥里科除了艺术家、编舞家的身份，更是艾奥瓦大学艺术系的助理教授，他的创作风格得到了很多主流艺术批评家的认同。要知道，在花样百出的艺术界能够开创出一个新风格，是非常不容易的事。

有人说托尼·奥里科就是达·芬奇的《维特鲁威人》的现代版。从他手臂持续的舞动中幻化出数不清的繁复黑线。当他双臂伸展，就能画出对称的图像。他把舞动和绘画结合，用极其专注、精确的现场表演，带给观众强烈的实时体验。

了解了以上这些背景，接下来我们开始今天的思维练习。

今天的思维练习叫作 I used to think, Now I think，就是：

以前我认为（　　　　　），现在我认为（　　　　　）。

这样一个简单的句子能够有助于什么样的思维习惯呢？从这个句子的结构可以看出，这是在鼓励我们探索自己思维的变化，并对于思维的变化做出对比，帮助我们反思对某个主题或问题的思考，并探索自己的想法是如何以及为什么有了改变。

现在我们就用刚才接触到的托尼·奥里科的作品来尝试一下这个练习。

艺术思维练习模板	
以前我认为	现在我认为

我的很多学生会说："以前我认为画画就是要坐着和站着，现在我认为任何动作都可以画画。"还有人说："以前我认为艺术家挺轻松的，现在我认为有些艺术家还是非常辛苦的。"另外有人说："以前我认为要画的圆需要特殊的工具，现在我认为人的身体就是好用的工具。"

你也可以和家人朋友一起来说说自己的想法。

这个练习我认为使用起来非常方便，也比较灵活。我们在接触一个新事物的时候，随着信息掌握得越来越多，在最初的想法和观点的基础上，一定会慢慢产生很多新的想法和观点。而使用这个思维练习，我们能认识到自己学习的历程、自己思想的变化及进程。

我们在阅读新的信息、看电影、听音乐、体验新事物的时候，都可以试试这个思维练习。同时，这个练习可以帮助学生反思他们对某个主题或问题的思考，有助于巩固新的学习内容。

和我们所了解的其他视觉艺术家不同的是，托尼·奥里科对于表演和人体形态有着浓厚的兴趣，这源于他在舞蹈编排方面的专业背景和早期职业生涯。他从 18 岁开始接受舞蹈训练，他是特丽莎·布朗舞蹈团和沈伟舞蹈艺术团的前成员。

奥里科曾在悉尼歌剧院、凤凰剧院、纽约州剧院和皇家皇宫剧院等舞台上亮相。但由于长期的训练，他的膝盖和下巴等部位出现严重的问题。托尼说，这些经历也是他的兴趣和创作灵感的来源，他在创作中追寻身体的绝对平衡、效率和意念的结合。

除了我们刚才看到的作品，托尼·奥里科还做过一件作品，是用牙齿来创作的。没错，他用牙齿在一张巨大的 243.84 厘米 × 243.84 厘米的纸张上一行行咬下牙印儿，均匀地、持续不断地一行一行地咬下去，他其实是在用自己的身体来一点点丈量。为了完成这幅牙印儿画，他大概一共咬了 8 个多小时。（看到这里有没有腮帮子酸痛的感觉？）

奥里科宣称，艺术家必须像准备媒介一样准备好自己。我倒觉得艺术家在这样的创作状态中，自己更像是创作所必需的工具。在持续的几小时甚至十几小时的过程中，如何保持体力、保持毅力、保持精神的清晰和投入，对艺术家来说是一个巨大的挑战。

托尼·奥里科曾在 TED 演讲中说道，他想回答自己一个问题：为什么我会这样画画？他说自己并没有这样的计划，一定要用这种形式画画，而完全是即兴发展的。

奥里科的祖父就是一位画家，已经 90 多岁了，他有自己的工作室，时常也在奥里科奶奶的餐桌上画画。奥里科从最初写实绘画的学习，到抽象绘画风格的探索，直到他觉得普通的绘画方法都不足以表达他的探索，于是他开始尝试舞蹈的学习。

在舞蹈学习的过程中，他对于平衡和对称产生了非常执着的想法，并且开发出了一套自己每天都在做的练习，从此彻底改变了他的工作和创作方向。

在一次艺术家驻地项目中，奥里科第一次尝试了这个在头脑中计划了很久的创作。他说，有一天中午，其他艺术家都出去吃午餐了，只有他一个人留在驻地，这真是一个测试演练这个创作方法的好机会。于是他用胶带把纸贴在地上，开始了他的创作试验，他当时并不知道自己是否能把这些圆圈画得足够圆。

当他一切准备就绪，其他驻地艺术家刚好回来了，他们围坐在周围，一边吃三明治热狗，一边观看他的"表演"。这第一次的尝试非常成功，从此奠定了奥里科表演的基本形式。

奥里科不断地做了许多尝试，探索身体在创作中"无意识"的表演状态。他还设计组织了一系列工作坊，带领不同的人体验在无意识状态下使用身体进行创作，不断探索身体的极限。

以前我以为托尼·奥里科只画对称的作品，现在我以为除了对称的身体耐力画，他是在探索身体的极限。瞧，当思维练习成了习惯，一不小心就用起来了！

本节重点内容回顾

1. 了解了一位叫托尼·奥里科的艺术家，以及他的"耐力画"作品。托尼不仅是视觉艺术家，也是一位编舞者。

2. 尝试了"我以前以为，我现在以为"的思维练习，来学习有意识地看到我们想法的变化。

3. 一个艺术的想法从出现到完善需要时间以及不断尝试才能生发出来。人的身体有无限可能性。

亲子创作

身体工具绘画

奥里科已经尝试了用身体作为工具绘画的许多种可能，如果感兴趣，你也可以来尝试一下，变身"工具人"。请大人们关注关节健康，小朋友们踊跃尝试。

———

——你只需要准备一张大纸，越大越好，没有大纸可以几张拼一下。

——把大纸贴在地上，用纸胶带粘住四边，也可以贴到平整的墙面上。因地制宜就可以。

——选用粗的炭条，或者粗一些的水彩笔，单色、多色皆可。

——像奥里科一样用身体去探索，可以尝试用身体做工具的对称画法，也可以根据你的想法来个表演绘画。

——把创作现场的精彩绝伦（或惨不忍睹）也记录下来吧！

———

13

如果 20 年后展出
你今天的画

◆

看艺术

彼得·哈利拉吉
《来自战争中的童年涂鸦》

学思考

思考工具：STMW（See,Think,Me,We）
以自己的经验建立联系开启思考

会创作

你画我讲，你讲我画

@hurry
艺术思维的娃，表达如此自由自在

　　每次上完课都意犹未尽，每一个艺术老师分享的作品我个人都非常喜欢！

　　越来越发现最简单的作品后面不仅是艺术家深刻的思想，而且是人类的共性命题的理解包容，再次见证了艺术的简单深刻，非常震撼心灵！

　　第一次这样画画，果果说很多颜色都比她想象的好看，通过聆听其他人的分享，果果不断丰富自己的作品，还取了个非常长、非常丰富的名字:《又是水果颜色，又是公主颜色，又是王子颜色》。

　　学了艺术思维的娃，表达是如此自由自在。

在玩乐中探索思维的广度，细心的你会发现艺术思维每个单元的主题是不知不觉层层深入的。

很多人都有这样的经验，就是我们会下意识地把我们看到的联系到自己身上。比如，我有的时候夸奖其他小朋友——就是我们常说的"别人家的小孩"，我自己的孩子就会有点不开心，说："那我呢？"这就是不自觉地把自己和别人家的小孩联系在了一起。是不是夸奖了他，对我的爱就少了？

在艺术思维的练习里面，我们要刻意地通过探索艺术作品和我、和我们（这里没说错，"我"和"我们"是不一样的概念）不同层面的联系，来学习深入地探索思维的更多可能性。

本章介绍的艺术家彼得·哈利拉吉并不算出名，在网上搜索中文名字几乎没有他的信息。可是他的作品确实非常特别，我很喜欢，他的创作确确实实是和小朋友们有关联的，相信我们仔细地看过之后，一定会有很多启发。而他作为艺术家成长的个人故事同样非常神奇。

本章新的思维工具不再是三部分，而是 4 个词组成的：STMW，分别代表 See（观察）、Think（思考）、Me（我）、We（我们）。

通过前面章节的学习，我们已经有 S 观察和 T 思考的经验了，面对一个作品，看到、想到了什么。这个新工具后面的两个部分，值得我们深入挖掘。

艺术思维练习模板

观察 S	思考 T	我 M	我们 W

Me 就是我，或者说就是你，即观看作品的人。这个作品和你个人有什么样的关联，让你想起了什么？

我在美国国家艺廊的时候，看到一幅马蒂斯的画，当时还有一个老奶奶和我一样，在那里看了很久很久。她说，画上的黄色沙发和她阿姨家的一模一样，她小时候经常去玩，就和记忆中的完全一样。这就是从一幅画直接地联想到了自己的经验。

当然并不是每幅作品都能这么直接地唤起我们的经验和联系，所以在刚开始尝试这个和"我"的关联的时候，偶尔会有点尴尬很正常。我们可以尝试着从各个不同的层面去找关联，去联想，这也会大大激发我们的同理心，你会发现自己其实和很多事物都是有关联的。

如果说找到和自己的联系并不难，这个思维练习的最后一个部分"We 我们"就让很多初次接触的人有点困惑了。这也正是我们需要通过这个练习来好好思考的原因。这里的"我们"是指比我们更大的范畴。

从窄一点的定义来看，"我们"可能是你属于的任何一个群体。根据不同的划分标准，我们每个人可能属于一个群体，比如属于一个家庭，一个班级，一所学校，同在一个社区的居民，同一个公司；或者都是喜欢吃火锅的人，都喜欢喝啤酒的爷爷，都喜欢同一个动画片……

再扩大一下范围，在同一个时代，同一个国度，同一个世界，同一个银河系……

所以，打开思路你会发现，对于一件作品的思考同样可以有很多层面。

这么说可能还是比较抽象，我们可以用作品来试试，找到我和我们的联系。

这一章的作品来自艺术家彼得·哈利拉吉，是一位来自科索沃的视觉艺术家。科索沃位于欧洲东南部巴尔干半岛，是一个在政治上非常敏感的国家，2008 年宣布独立。不同国家的政治叙述不同，关于科索沃故事的描述也各不相同。

对于中国人来说，这个国家的名字和一场科索沃战争紧密关联，而彼得·哈利拉吉当时就因为战争进入了难民营，13 岁的他在难民营中开始学习画画。

彼得·哈利拉吉目前是法国巴黎美术学院的老师，在德国、科索沃和意大利之间生活和工作。2021 年 10 月，彼得·哈利拉吉在英国泰特美术馆做了一个展览，这个展览的名字叫作"这根绿色羽毛上有火山般的气息"。

展览现场照片，见图 13.1。

这是一个由很多巨幅画面组成的装置展览。可以和你的伙伴一起讨论，S 你观察到的和 T 你想到的任何内容。

我请我家弟弟悠然看的时候，他说看到了森林、大树、色

13.1　展览现场正面

彩鲜艳的动物，天上还有云，飞翔着很多小鸟，是一个风景优美的地方，有小朋友，隐隐约约还有彩色的房子藏在树丛后面。

　　他想到了森林里的家，童话一样的世界，想到了和小朋友一起玩耍，想到宁静的生活。

　　不知道你和你的伙伴们都看到了、想到了什么。

　　相信大部分人看到这个场景都会有一种愉悦的感觉，大自然、动物、天空……一切都像小朋友的画面一样美好。

　　彼得·哈利拉吉的作品与科索沃历史有关，以他个人的故事和记忆为基础。

　　如果我们再深入地去看一看这个展览的另一个角度，你一定会有新的发现。

　　见图 13.2、13.3 展览现场背面。

如果 20 年后展出你今天的画

13.2 展览现场背面 -1

13.3 展览现场背面 -2

在这里你会看到这个在树林中的小孩蜷缩着身体，脸上的表情满是哀伤，而就在后面不远处，一个全副武装的人在举起一把刀，似乎正在威胁什么人；在最后一幅画面上，则是一栋着火的房子，一个粉红色形状的鸟儿正在逃离，再远处则有很多尺寸很小的武装人员在战斗，有人受伤倒地。

同样鲜艳的色彩，儿童式的笔法，可是画面的内容和另一个角度看到的岁月静好完全相反。

后面这两幅让你想到什么？战争？冲突？流离失所的孩子？

这些都是彼得·哈利拉吉所经历的生活。1998—1999年的科索沃战争期间，彼得·哈利拉吉和许多孩子一样，在难民营中度过，他们缺少食物和饮水，更缺少受教育的机会，难民营中很多人因为匆忙逃离，没有了护照，没有了任何身份的证明，失去了一切。

这个展览里的巨幅画面就来自他13岁时在阿尔巴尼亚库克斯第二号难民营创作的38幅作品，从画出这些画到在泰特美术馆展出，中间间隔了整整22年。

这些图像都是他童年时期陪伴他的记忆，令人心酸的乡村风景、鸟儿和动物、散布着战争和暴力的场景。

看到了展览的另外一面，我们可以来继续今天的思维练习，Me和We，这个作品让你想到了和你自己相关的什么？

你小时候是否也画过类似的画？是不是也喜欢画天上的小鸟和云？喜欢到树林里玩耍？你小时候的画作是否22年之后也有机会来重新展出呢？如果你知道22年后在世界最重要的美术馆之一泰特美术馆要展出你的画，你会有什么不一样的创作呢？

和个人的关联似乎很容易找到，如果扩展到我们这个层面呢？这个作品如何与更大的图景关联起来？没有局限，你可以尽可能展开联想。

我们可以从作品联想到和平的环境是多么宝贵，想到战争中的平民，尤其是孩子都是最弱势的群体；大人们稍微多知道一点历史就会想到，同一场战争在不同的叙事中可能是完全相反的描述，就像我们看到的这个展览的 AB 面，一面光鲜一面黑暗。

我还想到人类如此愚蠢和残忍，以为战争是解决问题的手段；从彼得·哈利拉吉的经历我也想到人的身份认同：离开故土的人如何重新找到自己的身份？在战争中，彼得·哈利拉吉说原本的民族文化都被取消、被禁止。

1999 年，一位随人道主义机构来到难民营的心理医生带来了许多绘画材料，为难民营里的小朋友提供心理支持。因为语言不通，他选择通过艺术来与难民营的小朋友们交流。

彼得·哈利拉吉和其他的难民小孩用绘画的方式来表达他们在战争期间的经历。当重新审视这些多年前的作品时，他发现这些绘画中有真实经历过的战争场景，也有想象出的基于对战争恐惧而画出的画面；在每一幅画里面几乎都并存着现实和想象的内容，在自然风景中也有想象的元素，比如他从没见过的鸟类和植物。

在当年的战争中，作为难民的彼得·哈利拉吉一家有幸穿过了边界进入难民营，除了他的爸爸。和很多人一样，他未能成功穿过边界，而被隔离在战乱中。

一段珍贵的 22 年前的采访视频中，当年 13 岁的彼得·哈利拉吉在难民营里向镜头展示自己的画，他说："当我画画的时候，我是开心的。"

长大后的彼得·哈利拉吉说："不同群体的人未必要彼此完全达成一致，但我相信艺术是一个最好的桥梁，可以让不同群体互相理解和交流，给彼此空间，找到新的视角。"

在难民营的孩子里彼得·哈利拉吉是那个画得最多，画材也消耗得最多的孩子。心理医生离开的时候，把画材都留了下来，他还继续写信给彼得·哈利拉吉，鼓励他继续画画。

多年之后，这位心理医生还资助彼得·哈利拉吉进入艺术院校学习。后来他成为一名职业艺术家，一颗艺术界冉冉升起的新星。

艺术永远不会离开你，在人生的任何时候你都可以绘画、创作，画出你看到的现实，也画出你头脑中的想象。

本节重点内容回顾

1. 学习了一个新的思维练习 See、Think、Me、We（观察、思考、我、我们）。

2. 认识了一位来自科索沃的艺术家彼得·哈利拉吉，他 13 岁在难民营画的画，22 年后在英国泰特美术馆重新布置展出。

3. 绘画有巨大的疗愈作用，给孩子纸和笔，把你经历的现实和想象都画出来吧。

最重要的是，把你的画好好保存起来，说不定 20 多年之后它们会在世界某个大型美术馆展出呢。

如果 20 年后展出你今天的画

亲子创作

你画我讲，你讲我画

——请父母给孩子讲一段你的童年故事，请小朋友把故事里印象深刻的事物画出来。

——父母和孩子一起把画面剪下来，贴在小棍子上，做成小道具。

——父母用这些小道具来表演一个木偶剧，把童年故事表演出来，添加第一遍没有讲述的细节。

——角色交换，请孩子讲述父母不知道的故事，由父母画出来。

参考图 13.4 悠然的创作。

13.4　悠然的创作

14

大艺术家的孩子
不快乐

◆

看艺术
徐道获《家》

学思考
思考工具
（Connect Extend Challenge）
关联 延伸 挑战

会创作
用艺术家的方法，把家"复印"下来

@ 掌心化雪
父母亲近艺术，孩子在美好中绽放

当头脑的限制被艺术思维打开，就有了惊喜。

周末家里买了些小花儿，我一直把花儿放在家里的角角落落，晚上儿子写完作业嚷嚷着又困又累，还想去捣鼓一下花儿。

我在忙自己的事情，并没有参与其中，但体验过创作自由的孩子，不一会儿就做了三个特别的花器和三个花艺小品。

爸爸妈妈开始亲近美，允许孩子自由表达，孩子自然会被吸引，在美好中绽放自己。

在这本书里，我精心挑选了很多能够脑洞大开的艺术作品，而有些艺术家脑洞太大，有时候似乎影响到了艺术作品呈现的效果，导致有些作品视觉上没有那么"好看"。而这一章里我们要认识的艺术家，不仅有想法，他的作品看起来也非常养眼，是近年来我非常着迷的一位艺术家。

他就是韩国裔艺术家——徐道获。他的作品以突破性著称，极具东方韵味，是非常难得的一位具有国际影响力的亚洲艺术家。

这一章我们要学习的艺术思维思考工具叫作"关联、延伸、挑战，"分别对应三个单词：Connect、Extend、Challenge。使用这个工具会继续提升我们在"比较与联系"的思维能力。

先来简单介绍一下这个思维练习，这个练习又回到了三段式"关联、延伸、挑战"。

关联：在我们看到一幅作品的时候，把我们所看到作品展示的想法和信息，与我们过去所知的产生关联。

延伸：在我们把作品和我们的经验产生关联之后，是否又得到什么新的想法？我们可以把思维延伸或是推向一个新的方向，产生的任何新想法都可以。这里需要用到我们的创造力，尽情发散。

挑战：对于作品，导致仍然难以理解的挑战和疑惑是什么？现在还有什么问题、疑惑或是困惑吗？

要知道，提出好问题就是最好的思维练习。

我们接下来还是用艺术作品边看边练习，一起来层层深入地关联、延伸、挑战。

韩国裔雕塑家和装置艺术家徐道获，是我最喜欢的艺术家之一。目前他生活工作于伦敦和纽约，涉足绘画、电影等各种媒体形式。

这一节的主题是：大艺术家的孩子不快乐，这个题目里的孩子指的就是徐道获。很多人可能都认为大艺术家的孩子一定受到了足够的艺术熏陶，所以更容易成为艺术家，然而事实似乎并非如此。

徐道获的父亲是在韩国备受尊敬的画家徐世珏，家中艺术氛围浓郁。徐道获拥有首尔国立大学东方绘画专业的美术学士和硕士学位，他学习的是水墨画。然而，在父亲的光芒笼罩之下，这位大艺术家的孩子很久以来都并没有找到自己艺术发展的方向。

徐道获后来移居美国，不得不重新读了一个学士学位和一个硕士学位。他 1994 年获得了罗德岛设计学院绘画学士学位，1997 年获得了耶鲁大学雕塑硕士学位，这时候，他已经 35 岁了。

而徐道获却说，来到美国之后他感到前所未有的自由。父亲的光环不见了，在这里没有人认识他，一切都是新的开始。

他在采访中提到，罗德岛设计学院要求所有学生都选修一门非专业课程，徐道获选择了雕塑。系统学习雕塑课程的经历，也对他此后的事业发展产生了深刻的影响。他逐渐开始探索从二维转向三维的可能性，希望能够突破纯绘画的局限性。

跨国移居的经历也令他在文化碰撞中产生了更多的思考，

探究如何在陌生的文化中寻求自我的定位，以及对身份和故土的认同。

20 世纪 70 年代，随着西方经济、文化影响加剧，韩国民众普遍追求西化的生活方式，居住习惯与从前相比产生了很大变化。而徐道获的父母更关注韩国文化，特意建造了传统样式的房子，用艺术品和古董装饰。

"家"这个概念在他的纤维装置中反复出现，家居日常物品也成为他的艺术创作中最重要的元素之一。

他说："在你生活中的某一个时间点，你必须离开自己的家。不管什么时候回去，那都不会再是同一个家了。家是你一生背负的东西，因此我才说它是值得一次次重复的主题。"

见图 14.1《首尔的家》。

下面我们一边看这幅图，一边开始练习：关联、延伸、挑战。

可以拿一张白纸，折成三部分，来分别记录。也可以使用本章的思维练习模板。

艺术思维练习模板		
关联 C	延伸 E	挑战 C

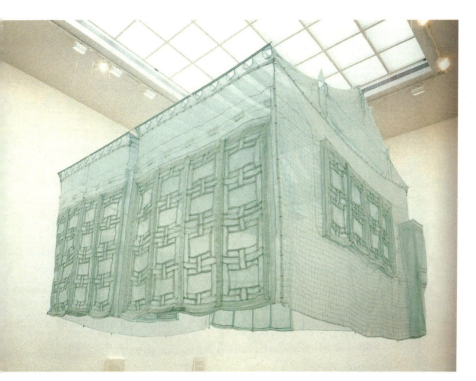

14.1 《首尔的家》

第一步是"关联"。

这件《首尔的家》重现了徐道获的童年居所——一座精致的传统韩式建筑,是他的大艺术家父亲根据 19 世纪首尔皇家宫邸昌德宫复刻的,大小细节完全一样。

仔细地看这张图片,你看到了什么?记得用上"观察与描述"里学到过的练习。

再进一步,可以讨论一下:关于家这个主题,你知道些什么?

写下关键词,也可以简要画出来。

给自己计时两分钟,把回复填写在白纸的第一部分,看你

大艺术家的孩子不快乐

会收获什么。

这个绿色纱制材料制作的房屋悬挂在半空，是徐道获对于"家"的早期记忆的提取和凝聚。

不知道你是如何看待这件作品的，在我给学生们分享的时候，大家都说这个更像宫殿，而不像是我们平常认为的家的感觉，我们普通人记忆中的家基本上都没有这么豪华。

而且这个关于"家"的作品用了非常轻薄的材料，颜色也十分浪漫唯美，所以似乎都和"家"的概念不沾边。

这倒很像是我们对于家的记忆，那么朦胧又那么遥远，远在天边又近在眼前。对我而言这个家又很像我们向往中的家，保留记忆中最美好的生活经验。

关于家，我们已知的是什么呢？小朋友一般会画出来房子、父母、家里的家具、门口的风景……生活中的许多细节就是家的缩影。

徐道获从首尔到纽约又到伦敦，这些年在不同的国家和城市居住生活，漂泊的生活也一次次让他在离开之后感受到对家的强烈依恋。

在纽约曼哈顿第 22 街，徐道获在他的公寓里生活和工作了 18 年，这是他在纽约唯一的"家"。为了铭记这个空间，他决定在离开搬去伦敦工作生活之前，送给这座意义非凡的公寓一份巨大的"告别礼"。

他将公寓的每个表面都用白色的纸包裹起来，并用彩色的铅笔和粉笔在纸上摩擦，刻画空间中的每个记忆细节。

见图 14.2。

这个项目名为《摩擦 / 爱》（*Rubbing/Loving*）。通过摩

擦纸张，可以传递出成千上万的细节，也能从中感受到时间的不同层面。

　　他投入大量时间，近乎虔诚地用一支笔，摩擦，把房子里每一个纹路拓印下来，不多不少，忠实于现实，不走捷径。

　　徐道获说："我通过不断地漂泊，了解我的人生。"如果你也是城市中的"迁徙者"，在一次次的搬家中困惑于个人与居所的关系，或许就能从徐道获所营造的空间中寻找到共鸣。

　　第二步是"延伸"。

　　通过第二幅关于家的作品，我们来尝试一下"延伸"，可以和你身边的伙伴一起讨论一下，关于家，你还会想到些什么？

　　我想到家里的日常物品，家里的味道，睡觉时奶奶抚摸我脸庞的粗糙的手，晚饭时餐桌上的灯光，冬天打开房门外面飘

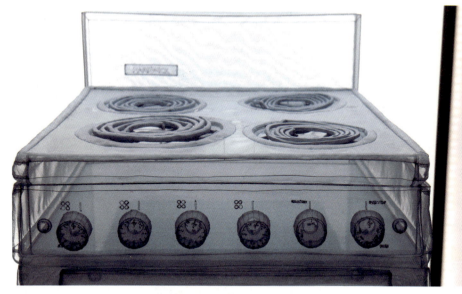

14.3 *The Perfect Home* 局部

进来的雪花，家的温暖，夏天跑回家喝一大杯水的爽快。

　　我还想到一个心理学作者写的《为什么家会伤人？》；还想到有时候家人反而比旁人更不理解自己；想到我的孩子经常会计划未来他想要一个什么样的家，他说他的家要在我的家旁边，也要有一座花园。

　　我又想到家其实不只是一间房子，那些在战争、洪水、瘟疫中失去家的人，被迫离开家的人，他们失去的是房子，但只要家人在一起，家就还在。

　　我想到看过一个电影，里面的女主角失去了房子，只好住在车里面。她偶遇她做代课老师时曾经教过的学生，学生同情地说："你现在 homeless（无家可归者）。"而这位女主角说："我只是 houseless（无房子可归者），我有家。"

　　不知道你延伸到了哪里？

徐道获在纽约的这间公寓有很多故事发生。他用红色材料专门复制了楼梯，他说这个楼梯是他和房东打交道的时候必须经过的通道，这么多年来他和房东结下了深厚的友谊，18年来，这里就像他在纽约的一个家。

在 *The Perfect Home* 系列作品中见图 14.3，徐道获以相同的比例复刻了公寓及内部的各种细节。纺织品的质感空灵而梦幻，他使用了轻快的浅蓝色、粉色与草绿色。当观众步入这一空间时，将会有虚幻与真实共存的奇妙感受。

你会看到浅蓝色的马桶，粉黄的煤气管道，草绿的洗衣机，完全忠于真实尺寸，但一切都如此奇幻。

第三步是"挑战"。

其实就是类似困惑和提问，对于这个话题你还有什么未解的问题？或是理解上有什么挑战？

再回到图 14.1 和图 14.2，关于这个作品的主题你还有什么问题呢？导致你难以理解的挑战和困惑是什么？

我认为越是熟悉的主题越具有挑战性。我们由于每天深陷其中，所以容易视而不见或是被主流的观点所绑架。比如，孩子一定要超越父母的所谓成就吗？父母的光环和资源对孩子一定是好的吗？你思念的家往往已经回不去，你思念的只是一个家的概念而已，那么这个思念是自欺欺人吗？

徐道获的作品探索的不仅仅是家的概念，他探索和思考的是"什么是归属"。比如他在纽约的家并没有血脉相连的家人，但同样有家人和家的温暖。

我们长大了，离开父母的家，开启独立生活，建立自己的家。这个家不仅是一个空间，更是一种归属感，一种自己创造的生活。

　　徐道获的作品以敏感细腻的表达引人共鸣。在许多当代艺术家眼中，他的作品没有攻击性，却发人深省直击心灵。

本节重点内容回顾

1. 认识了一位非常优秀的韩国裔艺术家徐道获，他的关于"家"的一系列作品非常有启示。

2. 今天的思维练习叫作"关联、延伸、挑战"，将一个作品的主题从和我们自身已知产生关联，再继续延伸，直至发现不理解的部分。

3. 家对你而言到底是什么？是房子？是记忆？是家人？对于这么熟悉的话题你有什么困惑吗？

亲子创作

用艺术家的方法，把家"复印"下来

我们当然没有时间去复印你的家的全部，
可以选择一样或几张比较有代表性的物品、
角落，用拓印的方式记录下来。

———

——用白纸紧贴拓印的对象，用纸胶带固定好。
——用铅笔或彩色铅笔在白纸表面反复轻轻摩擦来拓印。
——物品表面的肌理就会被拓印在纸上留下痕迹。
——有耐心地完成整个物品表面的拓印，就会得到一个完整
　　的画面。
——可以用立体的也可以用平面的方式来呈现你的作品。

———

▶ 思维能力五

Questioning
Investigating
&质疑与调查

15

天天打卡
也是艺术?

—————————— ◆ ——————————

看艺术

谢德庆《五件一年》

学思考

思考工具：是什么原因让你这么说?
（What Makes You Say That？）
一个强大的问题值得成为口头禅

会创作

5 个 1 分钟的挑战与记录

@ 嘉嘉妈妈
用艺术种下思考的种子

上完课，孩子问我和爸爸

如果你在笼子里住一年会怎么样？

如果在外流浪一年会怎么样？

如果每隔 1 小时打卡，持续一年会怎么样？

如果你和另外一个人用绳子拴一年会怎么样？

用艺术思维的方式了解一位艺术家，

孩子的心中多了很多思考的种子……

从这一章开始，这本边读边玩边思考的书已经进入了第五个单元，如果你已经尝试了前面分享过的艺术思维工具，那么相信你已经准备好把你的思维能力再次升级！

新的单元——"质疑与调查"（Questioning & Investigating），想到"质疑"与"调查"，你的第一个反应会是什么呢？

我理解的"质疑与调查"的核心就是：对一切想当然的，或是权威的说法不全盘接受，保持独立思考和合理怀疑，并且基于常识提出假设，独立调查和发现。

大家都喜欢大侦探福尔摩斯的故事吧，我小的时候就是个福尔摩斯迷，看他像煞有介事地和华生医生通过蛛丝马迹，找到各种犯罪线索。甚至很多时候，他会做出似乎违背常识的推理和脑洞大开的质疑，但到最后他又总能够通过层层深入调查，发现那个让人大跌眼镜的真相。

本章的"质疑与调查"就是邀请大家一起发挥福尔摩斯的探案精神。

不过和福尔摩斯不同的是，我们有超级好用的秘密武器！给大家隆重介绍艺术思维练习"What Makes You Say That？"（是什么让你这么说？），这个绝对实用的思维练习让我们瞬间福尔摩斯上身，带领我们刨根寻底地追问下去。

这一章还要给大家介绍一位硬核艺术家，我对他佩服得五体投地，因为他的作品也绝不是身为普通人能完成得了的。

我们常常觉得一个艺术家要画得好，需要天赋、需要练习、需要好老师。诚然，这些是常识，似乎都必不可少，但还有些艺术的创作，需要的更是坚忍，以及不断折腾自己的毅力。

这位艺术家——大名鼎鼎的谢德庆，就是这样一个不断折腾（甚至折磨）自己的人，如果你还不认识他，那必须睁大眼睛，看看他到底都做了些什么。

谢德庆是一位华人艺术家，1950 年出生于中国台湾。在 Google 艺术与文化的网页上，对他的介绍是"当下世界范围内最为特殊和重要的艺术家之一"。他的工作对中国当代艺术的发展也有着毋庸置疑的影响力和深远的启发意义。

如果说别的艺术家在做的是一件一件的作品，谢德庆的"生命如何度过"就是他的作品。没错，每天的日子怎么过就是他的艺术作品。

1978—1986 年期间，谢德庆偷渡到纽约后，在打工之余，他创作和实施了五个《一年行为表演》，每件"作品"都呈现了真实的一年的生活形态。

在介绍这五个作品之前，你可以准备一支笔，每看完一个就在下面艺术思维练习模板里做记录。

艺术思维模板：是什么让你这样说？

作品	想法、感受、疑问	是什么让你这样说？
笼子		
打卡		
户外		
绳子		
没有艺术		

15.1 笼子

15.2 打卡

每看完一段作品的介绍，写下你对这个作品的看法，你想到的任何内容都可以，小朋友可以画下来，或者用你的符号体系呈现出来。

第一件作品是《一年行为表演 1978—1979》，又被称作《笼子》，见图 15.1。

谢德庆在位于纽约的工作室里，建造了一个约 3.5 × 2.7 × 2 米的木笼子，将自己监禁其中一整年。一年当中，艺术家不交谈、不阅读、不写作、不听收音机、不看电视。只有一位朋友义务每天帮他送饭和清理垃圾。

当谢德庆从笼子里走出来，因为长久不说话，他已经处于失声的状态，说不出话，只能发出沙哑的声音，过了几周才恢复过来。其实在这个项目完成的时候，也并没有很多人关注他，作为一个跳船的非法移民，他只能做一些入门级的体力劳动生存，而和中国的艺术界他又早已经切断了联系。

在当时，这个行为表演在纽约千千万万前卫的艺术项目当中，并没有像他后来的作品那样产生巨大的影响力。但可以肯定的是，谢德庆的自我折腾和折磨之路才刚刚开始。

第二件作品是《一年行为表演 1980—1981》，又被称为《打卡》，见图 15.2。

在这个项目当中，艺术家每隔 1 小时打卡 1 次，一天打卡 24 次，时间跨度长达 1 年。这件作品的每一次打卡被记录下来，可以看到艺术家的状态变化。谢德庆说，他设置了 24 个闹钟每隔 1 个小时提醒自己，白天外出会友并不耽误，只要按时回来就可以。而夜间，他几乎已经可以在半梦半醒之间完成打卡。

这件作品在中国展出的地点是北京的尤伦斯美术馆，而位于 798 的这间美术馆建筑就是基于一间厂房改建而成。

15.3 《户外》

　　展品包括一张海报、一份艺术家声明和证人声明、一份漏打卡记录、一个打卡机、366 张计时卡片、16 毫米影片、366 条影片截取肖像以及一套谢德庆自选的"工服"。

　　第三件作品《一年行为表演 1981—1982》，又名《户外》，见图 15.3。

　　在这一年里，他露宿街头一整年，其间不进入任何建筑物或遮蔽处，包括地铁、火车、汽车、飞机、轮船、洞穴、帐篷……只有一个睡袋。

　　他学会了在寒冷的纽约冬季用锡纸包裹双脚取暖，学会了如何不被发现自己的真实身份。在这一年里，他唯一一次进入室内，是被警察带进警局，但法官通过一篇报纸采访认出了他，允许他和律师交谈并最终释放了他。

　　万幸的是，在一年的流浪生活中，他没有生病，身体没有出现任何问题，这不得不说是一个奇迹。在项目结束后的采访

中他说，因为把位于 SOHO 的工作室转租获得了生活成本，并且知道这一切都有结束的时候，所以他并没有那么绝望和难以忍受。

但是对于常人来说，试想，一年只洗一次澡这件事，就已经让人难以忍受了。

请记得，把你对以上几个作品的感受写下来。

我们继续来了解第四件作品，又名《绳子》的《一年行为表演 1983—1984》，见图 15.4。

这是一件想起来就让人有点不适的作品。谢德庆和一位好朋友——也是一位行为艺术家琳达·莫塔诺，两人在腰间用一条长约 2.4 米的绳子绑在一起，整整一年！

一年当中无论做什么，两个人最多只能保持 2.4 米的距离。据说在一年期终于结束，绳子解开的时候，琳达头也不回飞似的跑开了。想想看，一整年和一个人几乎零距离接触，确实是太让人受不了了，每个人都需要一些空间。

插图当中可以看到这两位像连体婴儿般的实验艺术家。

接下来的第五个作品叫作《没有艺术》，作者以此来宣告这个系列的结束。

他又做了什么呢？谢德庆在这一年里不谈、不看、不读艺术，不进入画廊或博物馆，就是把艺术完全隔离在生活之外。

那么具体都做些什么呢？就是最普通的生活，你生活里有什么？吃饭、睡觉、读书、买菜、发呆、工作、见朋友、看电视、小朋友要写作业、玩……总之就是没有艺术。

会不会有人说，我的生活就是这样的，原来我也在做艺术。对，你就是在做艺术，生活就是你的作品呢。

请你继续把对这两件作品的想法写下来。

可能有人好奇，后来的谢德庆怎么样了呢？

后来他做的唯一一件作品叫作《十三年计划》，从他 36 岁生日（1986 年 12 月 31 日）开始，到 49 岁生日（1999 年 12 月 31 日）结束，在这 13 年中，他创作但从不发表。

2000 年 1 月 1 日，谢德庆为这项计划的结束举办了一场公开报告，内容只有简单几个字："我活过来了。我度过了 1999 年 12 月 31 日。"

虽然谢德庆这些年并没有作品面世，他过着与普通人无异的生活，买房装修，生活。但随着影响力的增大，他也继续在世界各地做回顾展。有人说他是一座里程碑，也有人说他江郎才尽，只有回忆过去的辉煌。你会如何看待他呢？

现在你可以看看自己的记录表，和你身边的伙伴分享交换自己的想法。

同时，我们可以开始这一章的思维练习，不断追问来寻找真相："是什么原因让你这么说？"（What Makes You Say That？）

这个强大的提问值得成为口头禅，让我们不盲从接受他人，充满质疑，敢于挑战。当然，被不断追问的人也不必懊恼，如果有人在你身边不断追问，你其实应该感到庆幸，他能帮助你层层剥茧，找到深层次的原因：你的想法从何而来？又有怎样的证据来支持你的想法。

我们可以选取谢德庆的一个作品集中讨论，深入挖掘你关于这个作品的想法、感受和态度，问问自己，是什么原因让你这样说？

比如，关于《户外》这个作品，我看到他蓬头垢面的乞丐照片并无不适，因为在疫情之后无家可归者已经成为美国大城市的一个特征。我带着孩子参加过很多志愿者活动，为这些无家可归者服务提供食物。在这些志愿项目里，有一些培训教我们如何和这些无家可归者打交道，比如不要随意拍照合影，因为他们或许对自己的状态是非常敏感的等。

对于谢德庆《户外》这个作品，我很赞同网上的一些评论，很多人质疑谢德庆的动机，我也觉得他有为了所谓创作"不择手段"的嫌疑。

当然，谢德庆自己也在采访中反思过，探寻自己在这个过程中是否有一点虚伪，因为他不是被迫过这样的生活，而是一种主动的选择。他不需要乞讨，是可以自己去买食物的，并且他的流浪是有时限的，一年之后就会结束，而没有一个真正的流浪者确定自己 1 年之后在哪里。

是什么原因让我这样说？

在我的志愿活动经历中，或多或少有些家庭是带着给孩子增加社区活动经验的目的，这对孩子未来上大学或许是加分项，因此这种行为与其说是回报社会，莫如说是一种装饰。这些隐藏在公益活动背后的意愿在某种程度上和艺术家异曲同工。不知道艺术家算不算"利用"了无家可归者这样的社会题材呢？

是什么原因让我这样说？

比如，我就看到一个妈妈带着高中的儿子来做志愿工作，他们打卡留下记录之后，还没达到约定的工作时间，就在大家最忙的时候马上离开，去观看票价昂贵的体育赛事，丢下一堆没有完成的工作给其他志愿者分担。

这些无家可归者，似乎就是给这个高价私立高中的孩子提供了未来大学申请书上的垫脚石材料。

"是什么原因让你这样说？"总会涉及你自己的经验经历，你的所思所想。大多数时候我们追问到最后也未必有标准答案，但通过追问，可以让作品进一步和我们自己联系起来。

你如何度过时间，你的时间中出现的人和事，原来这些都和艺术相关！

本节重点内容回顾

1. 了解了一位极其硬核的艺术家谢德庆，他做的《五件一年》的行为艺术项目在结束之后的几十年依然影响深远。

2. 今天思维练习我们用到的是适合不断重复追问下去的"是什么原因让你这样说？"（What Makes You Say That？）把这句话当作口头禅吧！

3. 谢德庆的作品究其根本就是如何度过时间，在早期他设计了各种各样的机制度过时间并记录，而在"不做艺术"的过程中，不过是想表达、生活本身、度过时间本身，就是艺术。

亲子创作

5个1分钟的挑战与记录

如果你度过的时间就是艺术？你又会做些什么呢？

这一次的艺术实践，我想邀请大家，用5个不同的方式度过1分钟的时间，任何事都可以，日常的或不同寻常的都可以，度过的1分钟记录下来就是你的作品。

———————————/—————————

——和你的艺术伙伴讨论任何你要做的事情清单，确定5个。

——每件事持续做1分钟，专注、认真只专注这一件事。

——请你的艺术伙伴记录下来，手机拍摄视频或照片都可以。

——当成艺术来完成的1分钟和平常有什么不同？

在［艺术思维亲子俱乐部］里，每个人做过不同的事情，比如有的小朋友练习芭蕾，她立足尖就立了1分钟，有人专注认真地吃东西，有人1分钟在不停地画画……

可能的话把你的作品想办法呈现出来，然后和艺术伙伴讨论，创作者和观看者有什么感受？还有别忘了提问：是什么让你这样说？

———————————/—————————

16

除了语言，
还可以如何交流？

◆

看艺术
米歇尔·格罗伊斯曼
《转移》

学思考
思考工具：TPE（Think, Puzzle, Explore）
在交流和提问中探索和调查

会创作
体验尝试非语言交流，并记录

@ YING
把"反思"融入生活，成长的意义

一个人的"成长反应链"是从反思开始的。

反思是什么？它是一种提问，一种自问，于是想知道答案的渴望就出现了。自问自答谈何容易，寻求答案是困难的，但是不是遥不可及？

在艺术思维中这叫作"创意提问"和"思考—质疑—探索"：观察后的思考—有哪些困惑或者问题 ——如何找到答案—有哪些渠道。

这种思维模式不是在课堂里被不停的教条地洗脑"你们要反思，你们要有创意"就能养成了。

最容易被接受、最潜移默化的方式是融于生活。喜欢艺术和大自然的人可以从看一幅画、观察一片绿地开始。眼前所见的任何事都可以成为思考的原点。

这就是艺术思维在孩子成长中的意义。

这一章里我们继续练习"质疑与调查"，也请大家抖擞精神，开始质疑和提问。

我们要尝试一个新的思维练习叫作 TPE，不夸张地说，TPE 对于独立探究是个特别好用的策略，学好了每个人都可以终身受用。

这一章要了解的艺术家一点都不出名，但是他的作品和表演给我带来很多启发，所以即使很难找到关于他的资料，我也要特别介绍他给大家认识。

很多时候为了在艺术课上吸引学生们的注意力，我们总会强调艺术家很出名、很有影响力等，很多人看展览也会因为那些噱头为"不能错过的价值连城"的著名展览。其实如果你有精力去多看那些没有被盖棺定论、正在发展中的艺术家和他们的展览，会体验到更多的新鲜能量流动。

本章这位"让能量流动"的艺术家，是来自巴西的艺术家米歇尔·格罗伊斯曼（Michel Groisman）。他的作品如果要归类，可以被称作是"实验表演"。比如，他的一个个人表演作品《转移》，见图 16.1。

我曾经给艺术思维亲子俱乐部的家庭看过这个表演的图片。仅仅看照片的话，大家困惑不解，这到底是在干什么呢？

艺术家在照片中仅仅穿着紧身短裤，身体不同部位固定着不同的带子，脚踝、膝盖下方、大腿，还有上臂。每一个带子

上固定了一个支架，支架上固定着一根蜡烛。他的头上还戴着一个头饰，这个头饰有多股透明管子，看起来有点像防毒面具。

这样装扮的艺术家有点像个杂技演员，之后的表演则有点像杂技和巫术的混合体。

表演开始的时候，他先点燃一根蜡烛，然后继续这场不同寻常的仪式，用一根蜡烛点燃另一根蜡烛。由于这些蜡烛都固定在处于身体各部位的支架上，所以他必须像一个瑜伽士一样扭动自己的身体，调整自己，才能使蜡烛与蜡烛的连接成为可能。

杂技、巫术、瑜伽，无论你觉得这个表演像什么，总之，看的时候是让人揪心的。一旦蜡烛点燃，他还会通过头饰上的管子把蜡烛吹灭，这样循环往复地进行。

看到他表演片段的时候，我不禁感慨，这要当个艺术家，对肢体的柔韧性要求很高啊！

在这个表演中，米歇尔·格罗伊斯曼把自己的身体变成了

除了语言，还可以如何交流？

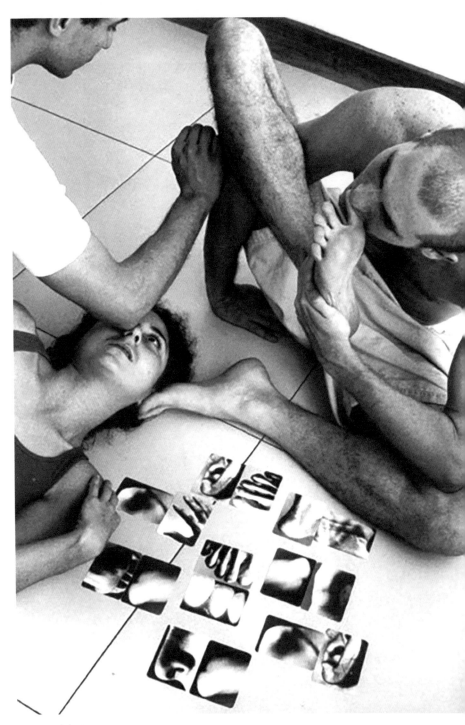

16.2 《章鱼》

一台缓慢旋转的风车，火焰从一个身体部位转移到另一个身体部位。而观众就近距离地围坐在他表演台的周围，在昏黄摇曳的烛光之下看这个表演。

整个表演呈现出一种难以捉摸、难以言喻的仪式感。感兴趣的柔韧性好的同学，可以在不点火、保证安全的情况下试一试，比如在地毯上或者床上。

当然，米歇尔·格罗伊斯曼的作品不完全是这么折腾自己的形式，他的很多实验表演项目都是鼓励家庭、鼓励观众共同参与的。

比如一个像游戏一样，名为《章鱼》的作品。在这个游戏／表演中，他用一副纸牌来指挥大家参与游戏。纸牌上有不同身体部位的照片，如额头、膝盖、手掌等，参与者可以根据自己拿到的卡牌来配对。

你抽到的卡牌如果是"下巴"，那么你就要和另一位玩家卡牌上的"鼻子"连接在一起，然后如果下一位玩家的卡牌是"手指尖"，也要去找相应的部位去连接，以此类推。通过意想不到的连接，有助于人们打破社交和身体联系的障碍。见图16.2《章鱼》。

虽然这样叠加下来，会呈现出图片上的尴尬场面，你的脚尖碰到他的耳朵，我的大脚趾试着放进嘴巴……每个玩家都要保持连接的状态支撑在那里，后面的参与者继续连上，慢慢形成一个如同现代雕塑般的组合。这个游戏／表演要求参与者足够敬业不笑场，同时也要具备一定的身体柔韧度。

这个设计更是对同事、朋友和陌生人如何在空间中移动并创建一个合作体的有趣探索，这也是非常典型的让公众参与的

16.3 《自助》

一种带有社会性质的艺术体验。和会不会画画，是否知道艺术
知识无关。

在纽约现代艺术馆，米歇尔·格罗伊斯曼还做过另一个名
为《自助》的互动作品，邀请了很多参与者加入这个实验艺术。
参与者每个人都有一个装了水的杯子，这个杯子并没有拿在手
上，而是用胶带绑在身体不同的位置，比如额头、胳膊肘等。

一群绑了杯子的观众，或者说艺术表演者被要求先闭上眼
睛，来探索倒水时和平时有什么不同，见图16.3《自助》。

想象一下，当整个群体开始拓展这个活动，完全没有语言
的交流，大家在自然的走动中，根据默契把水从一个人传给另
一个人。一杯水成为沟通的载体，当然有失败的湿漉漉的时刻，
也有面带笑意成功地完成了倒水这个动作的兴奋时刻，每个参
与的人都非常兴奋。

即便只是像游戏一样完成倒水、接水的动作，参与者内心
却十分满足。

有人说，在这个过程中，一杯水的传递是简单的，但又是

超越了语言的交流方式，因为这个过程中产生的默契、信任等感受让一群并不相识的人产生了深刻的联结。

听到这里，你是不是觉得这个米歇尔·格罗斯曼不太像个艺术家，倒是有点像个游戏组织者，一会火一会水，颠来倒去的，越听越晕了？

别急，我们用今天的 TPE（思考、提问、探索）这个思维练习来剖析一下米歇尔·格罗伊斯曼的作品，看看能否有什么新的发现。

在 TPE 这个练习里，我们可以不断地和学习伙伴们分享不同阶段的想法和发现，产生更丰富的讨论。

把这些想法记录下来是非常好的方式，所以我们还是拿出一张白纸，然后折成 3 份，分别用来记录思考、提问、探索。

艺术思维练习模板

思考 T	提问 P	探索 E

开始之前我希望你可以先问问自己，我们刚才介绍的几个作品（活动），你觉得是关于什么的呢？

《转移》《章鱼》《自助》这 3 个表演项目虽然各不相同，比如人数、形式等都不一样，是否有相通的地方呢？对这些你有什么看法呢？

我觉得这几个作品虽然主题和形式都不相同，但都是关于连接的，比如一个人点蜡烛，用不同寻常的瑜伽巫术的形式点燃再熄灭；而在《章鱼》中用身体部位像八爪鱼一样地连接在一起，不仅是身体部位的连接，也通过游戏的形式，让一个陌生的群体迅速关联；到了《自助》这个项目，更是在无声的互动中，让一个新群体快速默契起来，有的时候陌生人无须语言也可以传递信息和感情。

所以如果这几个作品一定要提炼一个主题，我会认为是"连接"。

当然对于这些作品的理解，如果你有不一样的看法也可以随时记录下来。

进入思维练习，先来说说 Think（思考）。在 TPE 这个思维练习里，Think 是指：当我们接触到一段文字，一篇文章，一个新话题，我们都可以问问自己：你认为你自己对于这个话题了解多少？

比如，如果大家同意米歇尔·格罗伊斯曼的这几个实验表演艺术都是关于连接的，那么你对这个话题了解多少呢？这几个作品又让你想到了什么？

关于连接，我想到的是现代人因为有太多的屏幕、太多的虚拟社交，人和人的真实连接已经受到了影响。但无论到何时，人和人之间的真实的交流互动都是不可取代的。

还有就是，在儿童时期，我们更容易相信他人，可以很快交到朋友，但是成年人的世界没有那么单纯，连接往往是在有利益交换的时候。所以往往在有纯粹的交流互动和连接的时候，我们会产生更多幸福的感觉。

我还想到，人与人的连接越来越重要、越来越需要被珍惜。我的切身体会就是，疫情刚结束的时候，我这样一个不爱热闹的人出门后看到人们恢复了生活，在生活中有连接、有互动的普通场景，都让我非常感动。

现在和你的学习伙伴交流一下，你们各自对这个主题和这几个作品有什么想法？比如你觉得你了解多少？让你想到了什么？

Puzzle（提问），你对这几个作品和主题有什么疑问或困惑？你还想知道什么？

比如，你确定这些参与者都是陌生人吗？在邀请大家参加的时候，需要告知他们具体会发生什么吗？表演的时候出过意外吗？对于意外会怎么处理？这些也会有助于连接吗？

我还有一个疑问是，虽然我们都说人和人的连接越来越少，但是否人类本身已经有调整，比如用网络来连接其实并没有想象中那么大的阻碍？还有对于年轻人、小朋友来说，未来网络、屏幕、虚拟连接会不会像真实世界的连接一样？比如 VR 眼镜、AI 技术的不断发展？

你还有什么样的疑问？提出好问题是最好的学习，继续和你的学习伙伴一起提问。

第三部分：Explore（探索），对于刚刚提出的困惑和问题，你会如何去探索答案？用什么方式？通过什么渠道？具体会做什么？

我自己有一种轻松的探究方式，就是去找相关的电影或科普片来看，作为一种资料搜集的手段。

我还会去采访目标群体，比如分别采访小朋友和妈妈，了解下妈妈和小朋友对一个事物的不同看法。

我还会把这几个作品描述给朋友们听听，给他们看看网上能找到的表演的照片和视频，有些艺术思维亲子俱乐部的妈妈说，有她们经常看的博主、短视频账号，也可以获得资讯，还有自己常常交流的妈妈群，亲密信任的闺蜜，家委会成员等。

是的，我们今天所拥有的不是太少而是太多的信息通道，以及所谓为我们定制的信息源源不断推到眼前。

没有一位老师和一个课程能够穷尽所有知识，根据你所拥有的资源，开始主动探索吧！

本节重点内容回顾 🖊

1. 了解了一位来自巴西的艺术家米歇尔·格罗伊斯曼，这位实验表演艺术家在无论单人还是多人的表演中都在用各种方式连接。

2. 今天的思维练习 TPE 是让我们可以从已知到未知，进行更深入探索的一条路径，多加练习之后一定可以拓展思维的深度。

3. 关于连接，我们的表情、行为、情绪，人和人之间的连接除了语言，还有很多方式来表达。

亲子创作

体验尝试非语言交流，
并记录

——和你的艺术伙伴讨论一下，在《章鱼》和《自助》两个
　项目中选择一个来尝试，也可以邀请更多家人朋友一起
　参加。
——准备相应的物料，《章鱼》至少需要 8 个到 10 个身体
　局部的卡片；《自助》需要准备一次性水杯和纸胶带。
——在保证安全的情况下，开始玩耍吧！

就让我们在生活当中充满善意地表达自己，
即便没有语言也没关系。

17

战争、灾难，
然后呢？

◆

看艺术
李明维《如沙的格尔尼卡》

学思考
思考工具：创造性问题
（Creative Questions）
一组练习，帮你提出一连串的好问题

会创作
唱歌吃饭扫地

@ 水果沙拉
我和当代艺术无缝连接

昨天的艺术思维课特别有趣，了解当代艺术，超级喜欢杜尚的盒子。

来不及去找素材，女儿和我都萌发了接下来做自己的记忆盒子的想法。女儿想到她幼儿园表演《西游记》，她第一次唱歌拿奖。

我想到我和先生恋爱结婚，两个宝宝，三维照，出生照。我第一次离家读大学，我故乡所有的家人，突然觉得人生可以被浓缩这么长的时间，然而也不过几件事就可以叙述，心情有点复杂。

我这个艺术零基础的人，和当代艺术竟然就这样无缝连接。

本章的开始，我先问一个问题：如果一个艺术家的创作是基于另一位艺术家作品的复制，你还会认为他是一位高明的艺术家吗？

这里要给大家介绍的一位行为表演艺术家，他进行的就是这样的复制再创作。他重现了毕加索的作品，然后又邀请观众一起"毁掉"。

同时，这一章要介绍一个新的、特别适合小朋友的思维练习"创造性提问"。对于每天有"十万个为什么"的小朋友来说，这是他们本来就在做的事。我邀请读这本书的成年人也就此找回好奇心，咱们一起来问个够！

先来认识一下艺术家李明维，他出生于中国台湾，毕业于加州艺术学院，并拥有耶鲁大学雕塑创作硕士学位，目前在纽约和巴黎长期居住和工作。

初次看李明维的作品，我有点不确定应该如何去定义。比如他的一个叫作《鱼雁计划》的作品（图17.1），就是在展厅里放一个个特制的驿亭，大约是模仿了古代中国的驿站。展览现场用三面屏风隔离出一个空间，里面有墨水和纸笔，参观者可以在这里用站、坐、跪三种姿势写一封信给久不联系的亲友，写完留下来，展览结束会有专人帮忙寄出。

在另一个作品中，他则邀请参观的一位观众在美术馆闭馆之后留下来，吃艺术家亲手做的晚饭。在晚饭现场，艺术家和

17.1　《鱼雁计划》

观众一起聊天，聊天内容则被录制下来，继而成为第二天的展出内容，然后循环往复，每天如此直到展览结束。读到这里，你会不会有一个念头油然而生：想当艺术家，先好好学做饭。

　　还有更"离谱"的，李明维甚至直接邀请一位观众与他本人在展厅空间内共睡一晚（sleepover），这个项目就是"睡寝计划"。

　　除了这些"亲自"吃饭、"亲自"睡觉的作品，他还会邀请专业的表演者在现场表演。比如作品《声之绽》（图 17.2）就是在展览现场，会有一位受过专业训练的歌唱演员随机邀请一位现场观众，问他："我可以送给你一个礼物吗？"想象一下，如果在美术馆有人礼貌地这样问你，你应该也不会拒绝吧？

　　接下来这位观众被邀请坐在单独放置在大厅一侧的一把椅子上，歌唱者则走到大厅对面，放声歌唱。虽然展厅周围人来

17.2 《声之绽》

人往，但歌唱者是用心为这一位受邀观众演唱的，眼睛和身体的方向只面向他一个人。美声唱法共鸣腔震动发出的声音，在近距离收听时，比通过麦克风和音响更加震撼。她唱的曲目是"歌曲之王"舒伯特的抒情歌曲。一曲终了，我们常常会在受邀观众的眼中看到泪花闪动。

这个作品的灵感来自艺术家李明维照顾大病恢复的妈妈的过程。他和妈妈都是音乐爱好者，常常听舒伯特的歌曲来缓解疼痛和不适。对他而言，把舒伯特的音乐送给陌生人也就是把抚慰送出去。

如果请你用 3 个词来概括一下李明维这位艺术家作品的特点，你会选择哪 3 个？

莫名其妙？吃饭？睡觉？可以和你身边的学习伙伴一起交

流一下。

李明维认为，一件只是做得很美的装置作品不能算得上是一件艺术品。他希望自己的作品能够传达出一种意想不到的张力，只有这样才能算得上一件艺术品。听上去很耐人寻味呢。

在我们开始介绍李明维的另一个作品之前，先来说说今天的思维练习"创造性问题"，这个练习会激发我们的好奇心，帮助我们去发现一个主题或一件作品的复杂性。

如何提出创造性问题呢？

如果绞尽脑汁还想不出问题，我来给大家一个窍门，用这样一些句型来提问，就不知不觉能提出好问题：

比如《声之绽》这个作品，我们可以这样提问：

1. 为什么……？

为什么是舒伯特的歌曲？为什么艺术家自己不唱？

2.……原因是什么？

他创作这个作品的原因是什么？

3.……的目的是什么？

作品的目的是什么？

4. 如果……会有什么不同？

如果换成别的艺术形式会有什么不同？比如唱京戏？

5. 如果……会发生什么变化？

如果是请观众唱歌会发生什么变化？

有了这些提问神器，分分钟提出脑洞大开的好问题。

李明维还有一件超大型作品——《如沙的格尔尼卡》。

17.3 《如沙的格尔尼卡》-1

多年以来，这件作品不断在世界各地的美术馆展出，甚至在
2020 年和 2021 年疫情最严重的时候，仍然在德国的几个博物
馆展出过。

说起这个作品不得不提到《格尔尼卡》这个作品，这是毕
加索在听到德军轰炸了格尔尼卡的消息之后创作的一幅大型作
品，刻画了被轰炸的格尔尼卡的平民们的惨烈场景，尤其是那
个抱着孩子的绝望的母亲，嘴巴中有锋利的牙齿，让人印象深
刻。作品是艺术家对于邪恶罪行的抗议和呐喊。

而李明维的《如沙的格尔尼卡》则是一件复制品。这件作
品是由多人合作，共花费 900 个小时、用 7,000 公斤彩色沙子
铺在地上完成的一幅《格尔尼卡》的巨型沙画。当看到画面的
时候，你可能会认为这是一个在展示中的完整作品，但其实这
大费周章的准备最多只能算是一个序曲。

如果是一大片沙滩，小朋友的第一反应是什么？一定是跳
上去玩个够！可如果是在美术馆里用彩色沙子堆成的一个篮球

17.4 《如沙的格尔尼卡》-2

场大小的平面，谁还敢上去跳和玩呢？

李明维的所有作品都是观众参与其中的，这个也不例外。展览现场，观众会被邀请戴上眼罩，三三两两互相搀扶着，一步步走过这一大片细腻的沙画。无疑，观众所到之处的画面已经被破坏，留下了坑坑洼洼的脚印。然后再有新的一波受邀观众走上来，持续参与其中。这算得上是相当奢侈隆重的沙滩漫步了。

除了观众，现场还有事先邀请到场的表演者，他们穿着纯白色的衣服，手持一把扫帚，充满仪式感、缓慢地、一丝不苟地把已经不平整的沙子归置平整。在展览期间每天如此。作品随着观众的参与而变化，艺术家和表演者再拢过沙子，让作品维持新的状态，见图 17.3 和 17.4《如沙的格尔尼卡》。

如果用今天学到的"创造性提问"的方法，你会问出哪些问题呢？

1. 为什么……？

为什么要用《格尔尼卡》这幅画？为什么要用彩色沙子？

2. ……原因是什么？

他创作这个作品的原因是什么？

3. ……的目的是什么？

艺术家希望观众会产生什么样的感受？

4. 如果……会有什么不同？

如果观众舍不得下脚去踩沙画怎么办？如果邀请观众在沙画上跳舞会有什么不同？

5. 如果……会发生什么变化？

如果让观众来用扫帚扫踩完的沙画，会发生什么变化？

李明维艺术创作的核心，是通过作品给陌生人提供机会来探索关系，在开放性的互动中创建可能性。

经历过疫情的肆虐，《如沙的格尔尼卡》这个作品让我感慨万千。能看到的悲痛，可以哭天喊地地哭出来。但劫后余生之后，那些悲痛似乎被隐匿了。就像用双脚和扫帚扫过的沙画，格尔尼卡已经了无痕迹；就像我们现在几乎没有人再提到曾经的困境、缺食物、少自由的生活，但很多的伤害其实是潜移默化的，是深入骨髓会伴随人一生的。当战争、灾难似乎远去了，那些看不见的伤害留在心底。

疫情之后你有哪些改变？你观察到身边的大人和孩子和2020 年之前有什么不同？我们每个人都在从伤痛中恢复，哪怕你自认为并没有受到伤害。

2022 年，李明维的作品《如实曲径》登陆英国泰特现代美术馆"涡轮大厅"，这个表演艺术作品充满禅意。专业舞者手握竹扫帚游走在展厅，用随机自然的舞动去打扫散落一地的稻壳米粒，如同一场仪式。观众坐在大厅周围的地面上，关注着表演者的舞动。在两个舞者近距离舞动时又带着默契互动。在这里舞动不是为了完成固定动作，而是一种由心引发的身体的律动。

在这场表演中，舞者穿着纯白色的服装，脚踝上戴着铃铛，行动之中偶尔有铃铛的声音打破现场的宁静。舞者挥动竹扫帚在稻谷米粒上滑动，柔软的扫帚像极了毛笔，在纸上滑动留下痕迹。整个表演动中有静，静中又孕育着动势，透过简单的清扫动作，带来富有深度的思考。

李明维说，《如实曲径》的灵感来自他 2014 年的缅甸之旅。不论有何种信仰的民众，在进入寺庙之前都会先脱下鞋子，同时，寺庙的义工们也会不断勤扫地面，为参观者提供物质和精神上的纯净空间。

李明维的很多作品形式看似非常前卫，但又融入了很多来自中国文化和东方传统的内容，这其实是很多移民和跨文化身份的艺术家心理状态的投射。

作为一个小时候 6 次在暑假期间被送进东方寺庙学佛、大学和研究生在美国学习、之后在美国和欧洲生活工作的华人，李明维通过作品构建个人与世界的联系，他的跨文化背景，跨文化中的冲突、失落和孤立，他的思考和探索，都会在其作品当中或多或少地展现出来。

　　了解了李明维的作品，你是不是也被启发而有了创作的冲动？比如你可以好好练习唱一首歌，然后在人声鼎沸的大街上找一个人把这首歌当礼物送给他，旁若无人地表演一个。

　　如果还有点害羞放不开，你可以拿起家里的扫帚，然后用一种极其缓慢的方式扫个地，每一个动作都尽可能做到像一个舞者一样舞动。别忘了在脚上套个小铃铛。

本节重点内容回顾

1. 认识了一位优秀的华裔艺术家李明维，他的作品最大的特点就是邀请观众互动参与，哪怕不惜把作品"破坏"掉。

2. 艺术思维练习是"创造性问题"，我们学到的提问方式可以让我们快速提出有品质的好问题，让提问成为习惯。

3.《如沙的格尔尼卡》带来思考，在战争、灾难之后，我们如何日复一日地生活下去。

亲子创作

唱歌吃饭扫地

——选择李维明的作品作为你的创作方式，唱歌、吃饭、扫地。
——用比平时慢一半的速度来做这些事，感觉一下有什么
  不同。
——邀请更多的家人和朋友和你一起，体验放慢速度的生活。

思维能力六

Finding Complexity

发现
复杂性

18

美从未消失

◆

看艺术
艾格尼丝·马丁《无题》

学思考
思考工具：PPC
（Parts, Purposes, Complexities）
极简里探寻复杂性，一条深入的途径

会创作
1 小时极简绘画

体验微妙却充满动力的感觉

今晚被一个画面感动了，娃看着老师分享作品，很自然地说了一句：这也是作品？

因为那是一幅远看是空白、近看有很多线条的画，出自艺术家艾格尼丝·马丁。在老师的讲述和自己的动手体验下，才体会到原来想手工完成一幅看似计算机可以轻易复制的画面，是如此不易！

做一个艺术家，要付出时间与专注，小孩子也体验到这一点。画画是一件需要极其投入的事情，这种微妙却有让人充满动力的感觉，真的很奇特。

困难、挑战、臣服、做到，之后带来的喜悦才是艺术最美的地方。

好的教育可以打开孩子的视野，无畏地说出自己真实的感受。用心投入地去行动，不断增加"我也可以"的信心。

每次都期待着下一次的开始，这些看着相同的线条和写毛笔字的感觉很像，每一笔其实都不一样，每一笔都是反映着自己当下的状态。这也是软件设计时代被忽略的人的感受。

终于开始学习"发现复杂性"，如果我们给思维能力来分级，这部分是很多人一辈子都无法达到的程度。

什么叫"发现复杂性"呢？你可以理解为：很多问题和想法都不是非黑即白那么简单，就像评价一个人，不能简单用好人还是坏人去定义。

在学习了这么多思维方法之后，相信你已经发现，面对任何艺术作品，只要愿意慢下来深入探究，总能超越第一印象，有更多新的发现。

"发现复杂性"的思维倾向，同样会让我们愿意放慢速度进行详细观察、提出问题、找到联系，并为进一步探究最终找到方向和线索。

这一节要介绍的艺术家是我最喜欢的女艺术家之一，我为之深深着迷。乍一看，她的作品并不引人注意，反而可能很容易被人忽视，可是一旦你了解了她背后的精神追求以及她不拘一格的生活方式，一定会对她刮目相看，并且和我一样深深地被吸引。

这位女艺术家就是艾格尼丝·马丁。

关于她，有一个小故事流传已久。有一次，一位纽约的画廊主带着自己的小侄女去看望艾格尼丝·马丁，在门口玩耍的时候，艾格尼丝·马丁摘下花园里的一朵玫瑰，问这个叫伊莎贝尔的小女孩，这朵玫瑰美吗？小女孩回答，很美啊。艾格尼丝·马丁把玫瑰藏到自己身后，继续问她，这朵玫瑰美吗？伊莎贝尔回答，当然很美啊。

艾格尼丝·马丁低声对小女孩说，你瞧，伊莎贝尔，美并不在玫瑰，美就在你心里。

艾格尼丝·马丁认为，美是心灵的一种意识，所以当一朵美丽的玫瑰死去或消失时，美丽并没有消失，因为它并不真正存在于玫瑰之中。

对于成名的艺术家，我们通常看到的是她们成为发光体，好像全世界都围绕着她们的样子。而艾格尼丝·马丁的艺术学习在她大概 30 岁的时候才刚刚开始。1912 年，她出生在加拿大一个贫困的牧区。20 岁的时候，她搬去美国照顾怀孕的姐姐。后来，她才在纽约的哥伦比亚大学学习，获得学士和硕士学位。

直到读硕士的时候，艾格尼丝·马丁才开始学习艺术。毕业之后，她去了新墨西哥州的小城陶斯当老师，一边教书一边创作。

直到 1957 年的时候，受到著名画廊主和艺术家贝蒂帕森斯的邀请，已经 45 岁的她回到了纽约，并在曼哈顿下城的一个艺术社区长期居住下来。第二年，也就是在 46 岁的时候，她举办了第一个个展，才算正式开始了艺术家生涯。

记得小时候，我身边的很多阿姨 46 岁已经退休在家抱孙子了，所以，我们真的不能被年龄限制了创造力，任何时候开启艺术家生涯都不算晚！

1967 年，在纽约生活 10 年之后，艾格尼丝·马丁重返新墨西哥。新墨西哥的沙漠、雪山和炙热的阳光吸引了许多艺术家，他们把那里作为自己灵感的来源和生命的归属之地，比如我们熟知的著名的乔治亚·欧姬芙。但在重返新墨西哥的这 7 年时间里，她并没有画画，而是专注艺术写作。

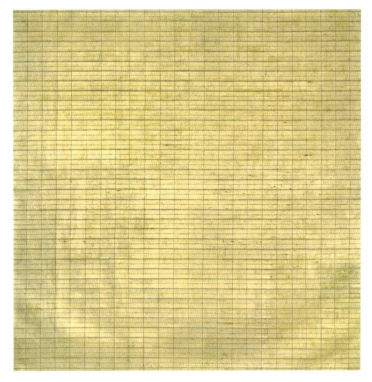

18.1　友谊

在她最著名的一篇文章《美丽是生命的奥秘》里，她提出了自己关于美、艺术、人生的主张。

她说："美是生命的奥秘，它不在眼睛里，而是在头脑里。在我们的头脑中，有完美的意识。"

来看一幅她的作品，见图 18.1。

你可以先慢下来描述一下，你在作品里看到了什么元素？

线条什么样的，粗的、细的、直的、光滑的、手工画的、借助工具的？越详细越好。

颜色，你会如何描述这个颜色，对你来说这个颜色像什么，感觉是什么颜料画的？

还有其他的什么？

看完这件艾格尼丝·马丁的作品，和你之前想象中的是否有很大的差距？

这部作品似乎只是一幅平淡无奇、毫无生气的金色方格子，尤其是如果只在电子屏幕上欣赏的话，根本体会不到它的质感和空间感。

这幅画创作于 1963 年，当时艾格尼丝·马丁创作了三幅同样材料的作品。在 20 世纪 60 年代，艾格尼丝·马丁并没有在市场上取得巨大成功，而这幅金色作品是用金箔纸做的，虽然金箔很薄，但依然是需要投入巨大成本的材料。加上这几幅正方形的作品高度为 190.5 厘米，需要很多的金箔才能完全覆盖。

艾格尼丝·马丁在这几幅作品的创作中，基本已经确定了她的"方格子"艺术语言和风格。在这幅巨大的作品上，她首先在帆布画框上全部贴满金箔，然后进一步构思如何赋予画面情感和意义。

在大量使用软件绘画制图和设计的今天，我们的视觉习惯于一些"完美"的画面，而当你凝神注视这幅画的时候，会发现它并不完美。那些线条并没有电脑绘制的那种整齐划一，而是有些许瑕疵。

再来看这幅作品的局部图，可以看到这些格子组成的画面是如此"不完美"，所有的线都是手工完成的。画面上有白色的线条，还有很纤细的红色线条，那些是用锋利的金属划破金箔而露出来的金箔之下的红色颜料。画面上很多地方，还有一些工具沾出来或是在划破金箔时碰落出来的颜料。见图 18.2。

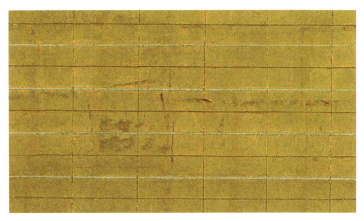

18.2　友谊局部

这样一个作品你会赋予它什么题目呢？

在揭晓题目之前，我们先来了解一下这一章要用到的思考工具：PPC（Parts, Purposes, Complexities：局部、目的、复杂性）。

这个思维练习鼓励我们每个人在观察一个作品或了解任何事物的时候，尝试去超越表面的明显特征，帮助我们放慢速度并进行仔细、详尽地观察。这个思维习惯有助于激发我们的好奇心，提出问题，并为进一步探究提供线索。

这个思维练习在我们研究很多事物的时候都是适用的。为了便于理解，我们可以用"学校"这个事物作例子，按照 PPC 的方式来分析：

局部、目的、复杂性。

老规矩，你可以拿出一张白纸，折三折，一起来试试。

1. 学校由哪些部分组成？

人、房子、地……

2. 这些部分又由哪些不同的部分组成？

艺术思维练习模板		
局部 P	目标 P	复杂性 C

人有老师、学生、校领导、食堂大叔、保洁阿姨、收发室大爷。

房子有教学楼、体育馆、食堂、保安室、家属楼。

地有操场，走道、草地、停车场……

3. 每个部分的目的和用途是什么？

学校这个概念就比较清楚，从名字就知道基本用途。需要特别注意的是，如果我们研究的是一个不可见的系统，比如关于"文化""艺术""民族"等这些更大的系统的概念，就更加复杂了。但从本质上来说，和一辆车可以拆分成不同的零件一样，我们也可以把每个事物拆分和逐一分析。

4. 最后一组问题是复杂性是什么？或者说关于前面的拆分和分析还有什么不清楚和困惑的地方？比如这些组成部分和用途之间有什么关联？

继续用"学校"举例，就是指这些不同部分之间的关系，比如学生和校领导之间、老师和校领导之间、学生和老师之间……我会疑惑是否需要把家长也包括进来，虽然他们并不直接属于学校。

还有，给学校提供教学设备的机构、管理学校的教育局，这些局部之间的目标和关系如何？

用了这个 PPC，你会发现把任何事物拆分拆解，再分析联系之后，我们的困惑不是更少了，而是更多了。

这个过程非常宝贵，越多的不解和疑惑越会带我们深入理解一个主题或一个系统的复杂性。复杂是个中性词，不好也不坏，就是一个真实世界的状态。所以，如果再有人做出"好人""坏人"这种非黑即白的判断，你就会知道，这样不探究就下结论是不对的。

我们再把 PPC 的探究结构放在艾格尼丝·马丁的这幅作品上，这幅作品的名字叫作《友谊》。

我来给大家做个示范，用 PPC 的层层递进来寻找作品的复杂性：

1. 作品的组成：有帆布画框、金箔、被锋利物品划开的痕迹、渗透出的红色颜料、一些不均匀掉落的颜料痕迹、被艺术家命名为《友谊》。

2. 每个部分的目的：这么多价值昂贵的金箔是否想说明友谊是珍贵的？而这些手工划开的不完美的线条和痕迹是否又呈现了友谊是不完美的？不知道你有什么样的解读呢？

3. 复杂性，也就是你还有哪些疑惑？这是艾格尼丝·马丁在歌颂友谊的温暖还是想表现友谊的复杂，一旦失去会有刀割般的疼痛？可以用你自己的经验和身边的人聊一聊。

艾格尼丝·马丁在纽约的时候就接触到克里希那穆提和禅宗学者铃木大拙的讲座，开始接触佛教禅宗思想。很多当代艺术，虽然外壳和形式似乎是西方的，但在精神内核上却实实在在受到了东方哲学的影响。他们的作品和思考直接和生命相连，用简练的形式来表达对生命的深刻洞察。

在艾格尼丝·马丁生命的后 50 年，她不看报纸也不看电视，与外部的信息完全隔离。在我们这个每天手机不离手,大大小小屏幕环绕在身边,不停播放声音画面的世界里,这似乎是不可思议的。

或许我们也可以尝试离开屏幕一整天,看看是不是能够获得艾格尼丝·马丁的那种宁静。

我在相关课程中给大家介绍艾格尼丝·马丁的时候,大家似乎都在理解和接受上有一定的难度。我们唯有花时间用她的方式去创作和体验,才会了解,这些看似简单的创作过程无异于冥想、打坐,总能获得某种程度的清净空明。

此刻,请你闭上眼睛,想象,我站在你面前,手中拿着一枝玫瑰。

请你回答我,这玫瑰美吗?

现在我把玫瑰藏在身后,请回答我,这玫瑰,美吗?

美就在我们的心里,它是我们对生活的积极回应。

本节重点内容回顾

1. 认识了一位传奇的女艺术家艾格尼丝·马丁,她的绘画风格极其简洁,手绘格子加简练的色彩。
2. 学习了艺术练习 PPC,局部、目的、复杂性,尝试着去找到更多的意义。
3. 美是生命之谜,她不只在眼前,更在我们每个人的心里。

亲子创作

一小时极简绘画

———————————/———————————

——请你准备铅笔、三种颜色的水彩笔、尺子、一张普通的
白纸。

——设好闹钟，如果 60 分钟太长，可以设定适合你的时间。

——选择舒缓的音乐作为背景音乐。

——用艾格尼丝·马丁的方式创作：用符合当下的心情的格
子和颜色。

———————————/———————————

参考图片 18.3—18.4，在［艺术思维亲子俱乐部］
课上的练习作品。

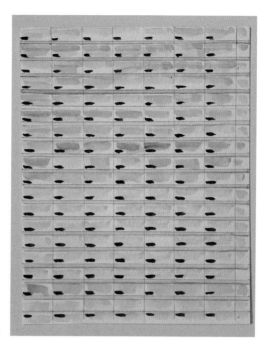

18.3

18.4

19

一个伟大的
黑方块

◆

看艺术

马列维奇《黑方块》

学思考

思考工具：复杂性等级
（ Complexity Scale ）
尝试梳理、记录、分析复杂性

会创作

至上主义创作

@ 明远妈妈
每次上课都是感动的经历

娃一上课看到那么多材料，脑洞大开，突然就想做一本小书。

我自己也很喜欢上艺术思维课，听老师讲艺术家的故事和作品介绍，自己和孩子也玩得开心。

看到每个家庭里爸妈和孩子每个人的作品都各不相同，真的感觉这才是真正的美育，而不是大家一起画几乎一样的作品。

从看画、对话到游戏、创作，每次上课都是特别感动的经历。

读到这里，有多少人和我一样同意"发现复杂性"本身就相当复杂？

它不仅需要我们看到事物的多个维度，还要去发掘事物的不同层次和部分，包括它们之间的关系。有点像是要我们去动手"抽丝剥一个茧"，的确会让人觉得有点无从下手。

不要担心，虽然"发现复杂性"是一种相当高阶的思维能力，但我们还是可以通过"简单的小练习"来逐渐达成这种思维倾向。

这一章，我们来学习一个重要的思考工具——"复杂性等级"，来设定一把标尺，帮助我们进一步梳理和分析。

我们也会和一位影响深远的、重量级的艺术家——马列维奇会面，一起探寻他在艺术史上著名的"黑方块"。

老规矩，先来介绍一下今天的思维工具"复杂性等级"。具体操作分为四步：

第一步，制作一把标注"复杂等级"的标尺。你可以拿出一张白纸，在白纸上从左到右画出一条直线，标出不同的复杂等级，比如最左边是复杂等级最低的零，越往右复杂等级越高，到最右边为最高复杂等级十。

见图 19.1 复杂性标尺。

1	2	3	4	5	6	7	8	9	10

极不复杂   极其复杂

19.1　复杂性标尺

　　第二步，把自己看到作品时的感受、想法，或是知道的事实逐条分别写在便利贴上，用那种可以反复撕贴的便利贴。相信学习到现在，你应该对这个步骤很熟练了，那就是面对一个作品时，首先说说自己看到、想到和感受到了什么。

　　第三步，这一步非常重要，我们要把第二步写着陈述的便利贴，贴到第一步制作的复杂等级标尺上。怎么贴呢？这里我们需要跳出刚刚那个"在欣赏作品"的状态。这点很重要！让大脑重启一下。

　　现在我们面前是几张写着陈述的便利贴，而我们的任务是来审视一下这些陈述，为它们在标尺上选择一个"恰当"的位置贴上去。也就是说，这一步的目的是评定这些陈述的"复杂等级"，确定它们的复杂程度。

　　你只要按照自己心中的复杂感去选择就可以。想一想，对你来说，这句话所表达的是简单的，还是复杂的？或者，它是既简单又复杂的？比如它有时候简单，有时候复杂；或者是一方面简单，另一方面却复杂。总之，按照自己心里的标准去把这些便利贴贴到标尺相应的位置上。

　　在选定复杂等级之后，我们就来到了最后的第四步，这一步是重中之重，我们需要为刚刚选择的复杂等级做出解释并写下来，去解释为什么我们认为它是简单的／复杂的，或是有时简单有时复杂。

19.2 《黑方块》

这里可以使用我们在前面的"推理"单元学过的思维引导小工具，比如"你为什么这么说"，来帮助自己组织语言。

在这个过程中你可能会发现，随着我们去做出解释和说明，我们心里评定的那个复杂等级可能会产生变化，这个时候就可以移动便利贴，重新为这个陈述评定复杂等级，并且为这个选择做出解释。刚开始练习的时候，非常建议大家把解释直接写在这个便利贴上，这样方便自己整体审视。等最后再回过头来看艺术作品，往往会对作品产生新的情感和看法。

形成标尺——观察、描述、陈述——选择复杂等级——解释选择，这四步就是"复杂性等级"的主体。为了便于理解，我们还是用艺术作品边看边练习，一起来挖掘我们的思维潜能。

图 19.2 中的作品来自苏联艺术家马列维奇。他于 1879 年出生于今天的乌克兰基辅，1935 年去世。他是一位重要的传奇人物，代表性作品《黑方块》影响深远。

在看这件作品之前，请大家先开始"复杂性等级"的第一步，参考图 19.1 制作一个"复杂性等级"标尺：请你拿出一张白纸，画出一条长长的直线，标上刻度，可以在最上面写上作品和艺术家的名字。

仔细看看这幅画，沉淀一下想法和感受。你觉得他画的是什么？

你可能会说，这不就是一个黑色的方块吗，这有什么好仔细看的。

没错，这的确是个黑方块。除了黑方块，你还看到了什么呢？或者，你认为它像什么？需要说明的是，画面上原本是没有那些裂痕的，那是保存不当造成的，原画就是飘浮在那儿的一个黑方块。

它像什么呢？餐巾纸、鼠标垫？你会不会觉得这非黑即白的，方方正正的，看起来很无趣？

没关系，你可以一边观察、感受，一边开始做"复杂性等级"练习的第二步：把你想到或看到的分别写在便利贴上。

我们再看看，这个图片里，这个黑色方块的大小和位置是什么样的？它让你想到了什么？或者这幅画让你有什么感受呢？

我个人觉得，要是它边缘模糊一些，看着就有点像小时候看到爷爷贴在身上的膏药，就是那个闻名江湖的"狗皮膏药"，不过好像大部分膏药不是这样的方块。

把我们之前课程里的小工具用起来，在便利贴上写下自己的观察思考和感受，你的想法、知道的事实、联想到的事物……任何都可以。

其实，当我们去看这幅作品时，没有所谓"对"的解读，也没有所谓"错"的解读。重要的是，解读是开放的。马列维奇其实是在试图超越视觉现象"再现"的障碍，他创作的作品可能不是任何与"现实"相关的东西。所以我们的解读也没有一个"正确"答案。

他曾说："客观世界的视觉现象本身是没有意义的，重要的是感觉，就其本身而言，与它被唤起的环境是截然不同的，重要的是感情。"这就是马列维奇的"至上主义"。在他看来，"模仿性的艺术必须被摧毁，就如同消灭帝国主义军队一样"。

通俗来说就是：我们观众将艺术作品视为对自然事物的再现，它总得表现什么真实存在的东西才行（不管画得像不像）。

但马列维奇认为，绘画的目的不在于表现形象，反而是"形象"掩盖了画面本身的内涵。比如古典写实派的大师，大家都在感叹他们"画得真像"，反而忽视了大师想要表达的情感。

所以，我们不能想当然认为：这画怎么这么简单，小孩子也能画的方块儿就是艺术品？所谓技法只是艺术当中非常小的一个组成部分。

马列维奇的伟大，正是在于他第一个想到了艺术可以这么表达。他认为所有的色块和线条，都有表现力，会表达情感。他的画作专注于纯粹精简的外表，其实是智慧和深思的象征。他的作品在引导我们去发现认知之外的事。他的至上主义思想与荷兰风格派的影响混合在一起，改变了德国和欧洲不少地区的建筑、家具、设计领域和商业美术的面貌。

他在 1913 年就创作出"最经济"的艺术图形——也就是著名的《黑方块》，这是至上主义的第一件作品，标志着至上主义的诞生。

1915 年，他绘制了这幅不同寻常的画布油画的第一个版本。同年，这幅画在圣彼得堡多比西纳私人画廊上首次展出，就是著名的"最后的未来主义展览 0.10"。观众在这幅画前纷纷叹息："我们所钟爱的一切都失去了……我们面前，除了一个白底上的黑方块以外一无所有！"

不过，在马列维奇看来，画中所呈现的并非一个空洞的方形。它的空无一物恰恰是它的充实之处，它孕育着丰富的意义。他认为，观众之所以对该画难以接受，是因为传统绘画使大众习惯于那些自然物象再现的作品，而没有理解艺术品的真正价值。

19.3 《至上主义构图》

其实这幅作品出现的时期正是社会变革期，俄国1917年革命，马列维奇受到欧洲立体主义（还记得第二章的毕加索作品吗？）的影响，开始了自己的探索。但是他的至上主义在抽象道路上越走越远，直到完全摆脱了和现实世界的联系。可惜的是20世纪20年代初，苏联文艺界对非写实艺术不再包容和接受，因此，马列维奇只好终止对抽象艺术的探求，他后来主要画乡间的人物，从事教学谋生。

1935年，他在贫困和默默无闻中离开了人世。一直到了1988年，列宁格勒的俄罗斯博物馆才为他举办了纪念展，在涅姆齐诺夫卡村也为他新建了纪念碑，墓碑的设计重现了他喜爱的至上主义正方形。

时至今日，马列维奇的名字已经被写入每一本20世纪艺术史中，一位公认的几何形抽象艺术的先驱，一位对抽象艺术发展产生重大影响的艺术家。

我们今天再来看这个《黑方块》，感觉还是"嗯……好吧，一个方块"。但要知道这个看似简单的方块也是有构图的，他做了大量的尝试，画了非常非常多的草图。想想假如它现在不是在画面中心，而是在角落呢？顺时针旋转30度呢？涂成黄色的呢？带给你什么感觉，是不是没有那么"重量级"或那么"严肃"了？

这一点很有趣：颜色、形状、位置、方向……不同的画面构图，给我们带来的感受是不一样的。再仔细观察，你会发现他画的方块的线条不是很精确，它不死板，而是比较有呼吸感。这其实是非常激进的作品，它和外部环境是没有关系的。看似最简单的一个黑方块，但如果它的位置上下左右稍微改变的话，就会给你带来不一样的感受。

我们去凝视它的时候，可能会看到、感受到很多。但如果只是瞄一眼就走，或跟着别人的说法来解读，就会损失掉很多。哪怕一开始，对着画面你可能会觉得有点迷失，此时你可以从一个点、一条线开始去感受。不知不觉中，只要你愿意去探究，其实可以吸收很多。

那么现在，让我们重新回到"复杂性等级"这个小练习上来。

"至上主义"的主张是：感受才是最重要的。你自己对它有什么感受才是重要的，不一定要去理会别人的评价。

现在我们来审视一下自己在便利贴上写下的想法和感受吧，它们（这些陈述）在你看来，是简单的还是复杂的？先试着选择一个复杂等级，把便利贴贴上，然后在这个便利贴上写下你选择这个位置的原因。

比如，我觉得"它像狗皮膏药"是一个很直观简单的陈述，我把这个便利贴贴到等级三这里。

再比如，我说："只有一个颜色不一定就是简单的绘画。"这个陈述涵盖的意思可就很哲学了，可以聊得很复杂，那这个便利贴就可以贴到等级 9 或 10 这里。

再比如，一个小朋友说："这是一个黑方块。"那么这个陈述你会放在哪个复杂度里呢？你可以认为这就是一个简单的描述，1 就可以了，但要知道小朋友都是哲学家，如果背后还有深意，也可以继续在标尺上向更高的复杂度进发。

就像这样，大家把自己的便利贴贴在标尺上你认为合适的位置，然后解释一下为什么做这样的选择。要注意的是，无论在复杂度标尺的哪个位置,都不意味着复杂度高的就好过低的,这只是一种客观的状态。

对于这个过程,一开始你可能会有点不习惯,因为这需要我们从平常的思考中跳出来,从更高的角度审视自己的看法、觉察自己的情感。这真的已经是比较高阶的思维练习了,觉得困惑是非常正常的,但不要停下尝试。

相信我,当你做完了这一切,看着这张贴满便利贴的标尺纸,你会对作品和自己产生不一样的认知。

我们所感知的世界充满了我们自己的"解读",我们体会到的任何东西都有我们自己的"影子"。我们所认为的"客观"和"绝对",可能没有那么客观和绝对。如果我们能发觉这一点,世界是不是会少一些冲突呢?

本节重点内容回顾✐

1. 尝试了"复杂性等级"这个思维工具。跳到更高的位置,进一步梳理、分析和审视我们自己的观察、想法和感受,看见自己。

2. 一起了解了马列维奇的作品《黑方块》和他的至上主义。

3. 复杂度高低并不重要,重要的是我们通过作品和练习,更进一步了解自己的想法,与自己连接。

亲子创作

至上主义创作

———准备白纸一张、彩纸若干、剪刀、胶棒。

———把彩纸剪成不同形状，三角形、长方形、圆形等。

———把剪好的形状放在白纸上，轻轻抖动，形状们在纸上呈
　　现自然状态。

———根据你的喜好稍作调整，用胶棒固定。

———一幅至上主义风格的作品就完成啦！

参考图 19.4 悠然创作的至上主义彩纸拼贴。

19.4　悠然创作的至上主义彩纸拼贴

20

和 AI 一起画画

◆

看艺术
钟愫君《绘图操作单元》

学思考
思考工具：要点指南针
（Compass Points）
在复杂性里找到方向

会创作
把 AI 作为工具的创作

@ 小雪
坐标观察、联想、不断探究

　　用艺术思维的方法和孩子一起读一本无字书，竟然看了一小时。这本书几乎没有文字，只有画面。里面的机关设计的实在太巧妙了，女儿全都发现了，还发现了我从来没有注意过的画面。一个小时把里面的东西全都解读了一遍，让我惊掉下巴。

　　艺术思维太好用了，就是观察，观察的越多，看到的越多，联想就越多，想知道的也会越多，问题问多了，了解的也就越来越多了。

　　和女儿实践下来，最受益的有三点：

　　1. 沟通方面更顺畅。尤其是跟孩子爸爸的沟通，每次聊育儿困惑可以很平静地聊一小时，我没那么执念自己的育儿经了，更能接纳不同。

　　2. 开启了自我的探索。一切都是自我的投射，看画跟自我的连接点更突出，也是很好的了解自我的渠道。比如我看画，现在看完之后很喜欢推测这个艺术家是一个什么样的人，他有着什么样的经历，趣味无穷尽。

　　3. 多元化体验。就像读书一样，我读的还是我自己的体会想法，跟不同的人读会有不同的收获，随着这种多样性，思考角度会更多元化，视角更宽阔。

感谢一路陪伴，再精彩的旅程也有终点，我们已经来到了最后一章。

我想在这里跟大家探讨一个非常值得我们思考和梳理的主题，这本书的开篇我们就提到了——AI时代的艺术。

写到这些文字的时候，ChatGPT4.0的发布会刚刚结束，全世界都在瞩目，无论知识储备、反应速度，甚至情商，AI已经超越了人类。而提到AI最能够快速替代的人类工作之一就是绘画，在这样的一个时代，我们为什么还要学艺术、学绘画？AI是艺术家的终结者吗？

我想带大家认识一位艺术家，她或许帮我们探索了AI时代艺术家何处去的答案。

这位非常有意思、有潜力的艺术家叫钟愫君，是一位加拿大籍华裔艺术家。她凭借在艺术与科技跨学科领域的尝试和出色表现，在全球备受瞩目。

本章需要用到的艺术思维工具，叫"要点指南针"，帮我们在复杂中找到方向。相应的练习同样非常有趣，你只需要准备好一张白纸和一支笔，我们就可以开始这段神奇的冒险啦。

先来介绍一下"要点指南针"。它就像一个真的指南针一样，表盘上包括"东、西、南、北"四个大方向。这个工具也由四个字母组成，分别是E、W、N、S，见图20.1艺术思维练习模板"要点指南针"。

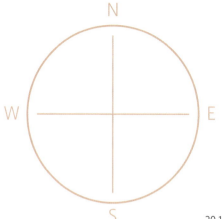

20.1 要点指南针

这 4 个字母代表什么意思呢？请大家想象一下，这个特色指南针，它东边指的是 Excited 振奋人心的，西边是 Worrisome 令人担忧的，北面 Need to know 是需要知道或了解的，南面是 Stance 立场或者 Suggestion for moving forward 为进一步评估的提议。

第一次接触到 E、W、N、S 代表这四个词是不是有点"找不着北"？别着急，我们练习的时候会分成 3 步，你只需要跟着我"指哪儿打哪儿"，层层深入，一定找得到方向。

第一步，首先是理解起来比较简单的 E 和 W，就像是指南针上的"东和西"。我们练习的时候也把它们当作一对儿：在面对一幅作品或一个主题 / 事件时，说说让你感到振奋或期待的是什么，以及让你感到担心和忧虑的又是什么。

其实这就是我们熟悉的，所谓"正面积极的"和"负面消极的"，或者也有人简化成"乐观的"和"悲观的"。

第二步，N，Need to know，这就开始"找北"啦！

也就是你对这个事儿，还需要知道、了解或发现些什么呢？

和 AI 一起画画

255

哪些额外信息可以帮助你去做出评估和判断呢？

第三步，S，终于来到最后的"指南"了。

经过前两步的梳理和探索，想想清楚：你目前是如何看待这个事的？你的立场是什么？或者，你会如何进一步去评估这个事、得出大概的思路是什么呢？

这个指南针的使用说明看起来复杂，我们依然通过本章艺术家的作品来具体实践一下，就容易理解了。

在详细介绍艺术家之前，请大家先在纸上画出你自己专属的指南针，要记得标注 E（令人振奋的）、W（令人担忧的）、N（需要了解的）和 S（立场 / 提议）。

回到艺术家，钟愫君虽然年轻，但非常跨界，她的创作涵盖了装置、雕塑、绘画和行为艺术、数字艺术等多个领域。

为什么这一章的主题叫和"AI 一起画画"？越来越多的人认为：现今的 AI 不仅画得像，而且经过大数据的学习和训练，可以画出以假乱真的各种艺术家风格的作品。

你是不是也听过这些说法："AI 时代学艺术没有前途了"，"艺术家要被 AI 取代了"，还有"绘画已死"，等等。似乎艺术家和 AI 应该是"势不两立"的关系。和 AI 一起画画又是怎么回事呢？

这里有必要介绍一下背景知识。钟愫君的妈妈是程序员，爸爸是音乐家，家里的小孩子们从小就接触编程和乐器。她本人不仅会演奏小提琴和钢琴，还有多年的编程经验。

她说，这样的环境使她从小就对"混杂"很感兴趣，也就是我们说的"跨学科"。她从 2014 年接触机器人起，就开始了这样的探索和实验。再后来，就是外界所看到的，她通过绘画和机器人技术进行创作，致力于探索艺术与 AI 的结合。

下面的图 20.2 道格初代，就是她与 AI 一起画的。

在这幅作品里，你看到了什么，有什么感受呢？

在我看来，这些线条很自由，远看有点云雾缭绕的感觉。

再仔细观察一下局部图里的线条，你发现了什么？可以向
周围的同伴描述一下你所发现的。艺术思维的学习进行到这一
章节，相信你对作品的观察和思考已经信手拈来。

这幅作品是她在最初的尝试中进行的实验，研究了机器人
的手臂动作如何通过神经网络的训练，来匹配和模拟艺术家
绘画时的手部动作。她把实验机器叫作"绘图操作单元：第

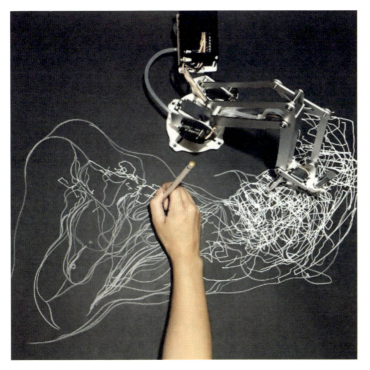

20.2　道格初代

1代 Drawing Operations Unit: Generation 1"简称"道格"
（D.O.U.G.）。

具体的实现路径就是：艺术家画画，而机器手臂会学着她的动作来画。有趣的是，她在作画过程中发现，道格并没有完美地模仿她的动作来画出线条。虽然在计算器模拟中显示它的模仿是精确的，但现实中却并非如此。

你能想象这个画面吗？在现实中，机器手臂会滑动，会卡顿，会晃动……于是钟愫君在绘画时不得不实时调整自己来"附和"机器手臂。

不过，她觉得这个"不完美"反而让作品更加有趣，而其中的魅力就在于人与机器间奇妙的互动，还有其中不可避免的混乱。

在这个过程中，艺术家和机器手臂不断地实时熟悉彼此。"不完美"成就了这互动之美。她兴奋地说："它教会我拥抱不完美，可以帮助我们认识自我，它教会我探索艺术能够更好地构建科技，从而塑造自我。"

钟愫君意识到，或许人类和机器系统的美妙之一，正是他们共同的、固有的不完美。她还说："在我们进步的路上，合作是创造人与机器共存空间的关键。"

读到这里，你对钟愫君与AI一起画画的实验和她的发现是怎么看的呢？是有趣的、是荒诞的、是发人深思的？还是其他。

你对AI时代的艺术有着怎样的畅想和忧虑呢？可以把你想到的写在"要点指南针"上。写下E让你振奋的，和W让你担忧的。

在与第一代道格的合作尝试后，钟愫君并没有停止探索。

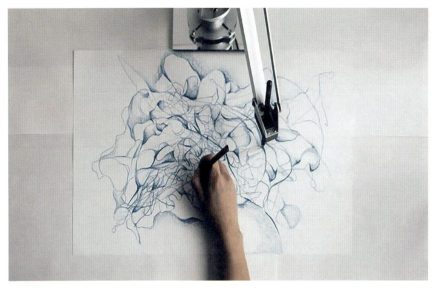

20.3 道格二世

她想了解更多的合作可能。于是，她又设计了一个系统，让机器不再只是实时观察和仿照她的手部动作，而是以"出其不意"的方式回应她的画作。

这就是"绘图操作单元——第二代"机器人道格二世。2017 年左右，她把自己 20 年来的画作提取了重复出现的模式数据来训练 AI，然后再把学习到自己风格的 AI 转移到机器臂上，以便模仿和模拟她的绘画风格，机器手臂有了"记忆"。

第二组图片是道格二世的作品，见图 20.3。

仔细观察一下局部图的线条，机器手臂画出的线条看起来是什么样的？你认为它与道格一世的画面有哪些不同呢？或者，你是否能分辨出人手与机器手臂所画的线条呢？

因为道格二世深入学习过钟愫君 20 年的画作，非常熟悉她，道格二世的风格看起来好像和艺术家自然地融合在一起了。

钟愫君在创作中将艺术与机械过程视为一体，她发现，对于发掘人类状况的一些真相，在这两个领域都有着巨大潜能。

比如，她的探索让她对"何为人类，何为机器""AI 与我们的界限"等问题产生了强烈的追问。

她认为这是哲学与技术的交汇点。我们的上一代人与我们的下一代人，必然会因为 AI，对"人何以为人"而有很不一样的认识。她的探索让她确信：将 AI 和机器人结合到传统的创作中能够帮助我们更深入理解"何为人类，何为机器"……

对于所有具有开拓性的探索，我由衷地赞叹，并且不遗余力地向艺术思维亲子俱乐部的家庭介绍。艺术家们的尝试是那么美妙，那么发人深省。

对于很多社会事件和现象，当我们去深入思考的时候，就会发现，许多艺术家其实早已探索过，还通过作品向我们表达过他们的想法和感受。只是，很多事一定要我们自己去发现，其中最关键的是，要产生与我们自己的连接。而我们正好可以用到"要点指南针"来梳理思路。

读到这里，你此刻有什么想法和感受呢？对 AI 时代的艺术，你需要了解和知道些什么来帮你进一步思考？或者说，哪些信息可以帮你去做出评估和判断呢？请把它们写到指南针的北面 Need to know。

假如你之前在西边的 W 写了"担忧 AI 创作的抄袭界定问题"，或许你现在会"想去了解相关法律法规"，或许你想知道其他艺术家对 AI 的看法和做法？再或者，你也期待与 AI 一起进行创作，想了解 AI 的构造、关于训练 AI 的更多信息……

说到训练 AI，就像钟愫君之前说的"艺术和机械过程都有潜能发掘人类状况的一些真相"。她其实在收集画作、采集和整理数据以及训练 AI 的过程中，体会和意识到 AI 不仅是神经

20.4　与 AI 画画 DOUG3

网络的模型和分屏器，还是一个可延展的、可塑的系统，人类的手始终参与其中。

她说："它不再是我们认为的无所不能的人工智能。"

她还说："也许未来的人类创作不在于作品本身，而在于对艺术诞生新方式的探索。"

如果说道格初代是肌肉，那么道格二代就是大脑，然后她继续开发了道格三代——族群，将她对人类和非人类合作的想法放大——她和团队造出了 20 个定制的机器人与她集体创作，这些机器人就像族群一样工作。

我们接下来看第三组图片，和道格三世一起创作，见图20.4。

你认为这些机器人画的是什么呢？

需要注意的是，这一代机器人不再模拟钟愫君的绘画风格了。你觉得它们画出的线条像什么呢？我觉得有点像是好多个龙卷风刮过，又像是渔船收获了一大网鳝鱼在那儿乱蹦。

揭晓一下答案：在这个项目中，钟愫君用纽约市上空的监控摄像头采集的视觉数据——那些城市中各种车水马龙的片段，来训练机器人的视觉，以此来思考机器对我们的凝视。

这一代机器人通过城市人流车流密度、流动方向和速度状态等信息来作画。在这一次多对多的合作中，他们创作了他们无法独自实现的事情，共同探索了创造力的边界。这是人类和非人类的并肩工作。

这些机器人画的是一个城市的动态流动轨迹，你猜到了吗？是不是很有趣呢？艺术家的尝试也提醒我们，要敢于突破惯性思维的墙和日常工具的界限，不断进行探索和创新。

现在回到观点指南针，继续写下你的看法和想法。你给出的"指南"是什么呢？你目前的立场是什么？或者，你接下来想要如何进一步去评估？

钟愫君最让我佩服的是，她一直在探索和突破，如今道格机器人已经研究到第五代了。而她作为麻省理工学院媒体实验室前研究员、跨学科艺术家、谷歌驻场艺术家，已成为人机合作领域的先驱人物，备受瞩目。

她对我们说："我坚信通过教授机器如何去完成人类的传统工作，我们就能不断地探索和创新，超越人类之手所能达到的可能。这段旅程之一便是拥抱不完美，发现人类和机器共有的缺憾，才能更好地拓展我们共同的潜能。"

或许，除了唱衰艺术，追捧 AI，我们更需要越来越多的艺术家和钟愫君一样，不断追寻人类和非人类合作的潜能和美妙。

虽然我们不确定未来会怎样，但我们总是可以去思考和做出自己的判断和选择，选择去看到世界的多元，选择去理解他人的不同，选择去带着热情探索你所爱，选择去带着勇气了解你所惧。

选择探索你这个生命的无限可能。

在 AI 时代，去选择活得更像个人吧。

祝愿我们每个人都可以充满勇气，带着好奇去寻找生命的答案。

本节重点内容回顾

1. 认识了一位非常优秀的艺术家钟愫君，她关于"与 AI 一起画画"的一系列作品对我们非常有启示。

2. 今天的思维练习叫作"要点指南针"，从令人振奋和令人担忧的两个已知方面出发，继续梳理需要了解和发现的信息，最终帮助我们做出立场评估或找到进一步探索的方向。

3. "何为人类，何为机器？"，你的回答是什么呢？

亲子创作

把AI作为工具的创作

——————————————— / ———————————————

很多人赞美的 AI 绘画，都是基于对大量原创艺术作品的学习和训练实现的。如果可能的话，鼓励大家尝试体验 AI 艺术工具绘画。

我们也可以来玩一个游戏，来体验钟愫君和 AI 的创作。

——人类可以用笔，AI 要用一个工具来夹住笔（可以是钳子、筷子等任何工具，曾经有个小朋友把画笔绑在按摩器上，打开开关画画）。

——人类主导开始画画，AI 模仿（放弃主动创作，模仿跟随人类，体验一下降级成为道格初代的感觉）。

——尝试"完成"一个作品，直到人类和 AI 都满意再停止。

——人类和 AI 互换角色继续创作，互相分享体会。

——————————————— / ———————————————

参考图 20.5 艺术思维亲子俱乐部 AI 绘画游戏。

无论你是人类还是 AI，
都祝你创作愉快，游戏愉快。

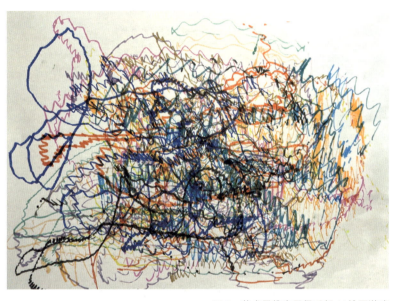

20.5 艺术思维亲子俱乐部 AI 绘画游戏

图书在版编目（CIP）数据

生命合伙人 . Ⅲ . AI 时代艺术思维引爆创造力 / 戴
亚楠著 . -- 北京：中国青年出版社，2025. 3. -- ISBN
978-7-5153-7553-3

Ⅰ . G78

中国国家版本馆 CIP 数据核字第 2024Z1H929 号

生命合伙人Ⅲ：AI 时代艺术思维引爆创造力

作　　者：戴亚楠
责任编辑：刘　霜
营销编辑：邵明田
出版发行：中国青年出版社
社　　址：北京市东城区东四十二条 21 号
网　　址：www.cyp.com.cn
编辑中心：010-57350508
营销中心：010-57350370
经　　销：新华书店
印　　刷：三河市君旺印务有限公司
规　　格：880mm×1230mm　1/32
印　　张：9.25
字　　数：195 千字
版　　次：2025 年 3 月北京第 1 版
印　　次：2025 年 3 月河北第 1 次印刷
定　　价：68.00 元

如有印装质量问题，请凭购书发票与质检部联系调换

联系电话：010-57350337